U1002025

北京·东城
DONGCHENG BEIJING

我们的十年

中共北京市东城区委宣传部
北京广播电视台 编著

北京出版集团
北京人民出版社

图书在版编目（CIP）数据

我们的十年 / 中共北京市东城区委宣传部，北京广播电视台编著. — 北京 ：北京人民出版社，2022. 12
ISBN 978 - 7 - 5300 - 0578 - 1

Ⅰ. ①我… Ⅱ. ①中… ②北… Ⅲ. ①社会主义建设成就—东城区 Ⅳ. ①D619. 13

中国版本图书馆 CIP 数据核字(2022)第 222351 号

我们的十年
WOMEN DE SHINIAN

中共北京市东城区委宣传部
北 京 广 播 电 视 台 编著

*

北 京 出 版 集 团
北 京 人 民 出 版 社 出版
（北京北三环中路 6 号）
邮政编码：100120

网 址：www . bph . com . cn
北 京 出 版 集 团 总 发 行
新 华 书 店 经 销
河 北 宝 昌 佳 彩 印 刷 有 限 公 司

*

787 毫米×1092 毫米 16 开本 14 印张 139 千字
2022 年 12 月第 1 版 2022 年 12 月第 1 次印刷

ISBN 978 - 7 - 5300 - 0578 - 1
定价：76. 00 元

如有印装质量问题，由本社负责调换
质量监督电话：010 - 58572393

编委会

主　编：赵海英　边　建

副主编：王铁峰　张　庆　黄　瑨　冯海亮　李　嘉

编　委：颜　匀　张志刚　曹婷婷　盖　恒　张可凡

张晓达　唐　远　宋敏怡　李小兵　佟美佳

夏晶瑜　陶洁丽　孙燕明　罗聪颖　蒋　敞

前 言

十年栉风沐雨，十年砥砺奋进。党的十八大以来的十年，是中华民族发展历史上极不平凡的十年，更是我国经济社会发展和改革创新取得非凡成就的十年。

为迎接党的二十大胜利召开，全景式展现首都功能核心区十年来经济社会各项事业取得的辉煌成就，中共北京市东城区委宣传部与北京广播电视台（BRTV）联合推出十集大型人文纪录片《我们的十年》，于党的二十大召开前夕在BRTV新闻频道《这里是北京》栏目播出，用镜头诠释在建设首善之区、追求美好生活道路上的东城创新、东城力量、东城气象。在党的二十大开幕会当天，北京广播电视台选取《我们的十年》作为优秀节目进行集中展播。纪录片播出期间，在同类题材中收视率遥遥领先，引发广泛反响。

本书以《我们的十年》纪录片为依据，分为《十年足迹》《中轴申遗路》《国风雅巷》《文物活起来》《以文化城》《文化金三角》《劲创新局》《东城社工》《宜居福地》《我心向党》十个篇章，将纪录片中十位探访官的讲述和十年来东城区的发展历程进行整合，编著了这部以图文形式记录首都功能核心区东城十年来发展的作品。希望该书的出版，能更形象、更完善、更多元的展现东城十年发展的坚实足迹。

历史的画卷，在砥砺前行中铺展；时代的华章，在接续奋斗里书写。东城丰厚的文化土壤、深沉的历史脉动、活跃的文化生活、蓬勃的创新活力，将如同流光溢彩的盛大舞台，在习近平总书记所指引的前进方向里、在新时代的火热实践中，持续上演“崇文争先”的精彩篇章。

中共北京市东城区委宣传部

北京广播电视台

2022年10月

目录

第一章

十年足迹

探访官： 肖向荣（北京东城文化发展研究院副院长、北京师范大学艺术与传媒学院院长）

探访感言： 在《十年足迹》里，我循着习近平总书记的东城足迹，以“首都功能核心区”为主题，以百姓故事为切口，探访参与过十年重大事件的当事人、亲历者，回望十年的重要时刻，记录东城十年发展的坚实足迹。东城区作为首都功能核心区，见证并亲历了大国首都众多载入史册的华彩瞬间，乃至东城的普通居民都心怀国之大者，这是东城的品质，是这个区域历来传承的对党、对国家的使命与担当。

党的十八大以来，东城区作为首都功能核心区，见证着祖国取得的伟大成就，记录着北京的现代化进程，展现着东城特有的文化包容。十年回首，创新发展，国之大者，崇文争先。这里有浓浓的乡愁，这里有首都的担当。军歌嘹亮，在这里回荡；童声颂党，在这里唱响。

重走雨儿胡同　改善环境恢复风貌

东城区作为北京老城的重要组成部分，胡同和古迹保持最完整。2014年2月25日，习近平总书记走进雨儿胡同看望老街坊。在居民家中，习近平总书记询问的都是老百姓的一些生活小事，比如家里房子有多大，用什么取暖，用什么做饭，上厕所方便不方便等。习近平总书记还在院子里与居民一起合影。福祥社区老住户刘长林深有感触地说："当时这个院通道非常狭窄，最窄处只有一米，换煤气走到那儿就得侧着身子慢慢地挪过来。"

人民对美好生活的向往，就是我们的奋斗目标。2015年，雨儿胡同开始了申请式腾退，经过对平房院落修缮、整治、提升后，满足了人民"主、厨、卫、浴、光、亮、停、绿"的现代化生活需求。

改造后的胡同还是那个胡同，一砖一瓦、一木一草、左邻

∧ 雨儿胡同四合院景色

右舍仍是从前的那种感觉。然而，环顾四周却也不再是那个胡同，院落宽敞，有花有草，今非昔比。

2019年2月，习近平总书记来到前门东区，沿草厂四条胡同步行察看街巷风貌，走进居民院落了解老城区改造后居民住房条件改善情况，给老住户拜年，贴“福”字，聊家常。“总书记来我们院子里和我们见面的时候，给我印象最深的一句话是‘最终要让城市留住记忆，让人民记住乡愁’”，草厂社区居民朱茂锦深情地回忆。

乡愁是烙在心底的记忆，是对一个地方的眷恋，对一群人的挂念，就是你离开了会想念这个地方。在城市建设里，乡愁就是以人为本的一个重要城市理念，因为有人的地方就有情感、有文化、有故事。习近平总书记所强调的要留得住乡愁，就是要留得住美好的生活、留得住美好的记忆。

∧草厂四条胡同改造后风貌

在胡同改造过程中，最大限度保护了胡同原有风貌，改善了居民居住环境，通过街巷整治、精细化提升，让老北京人喜爱的石榴、丁香、玉兰等植物，在竖起的藤架上自由生长，为蜿蜒曲折的胡同增添了一簇簇动人的绿、美丽的黄、娇嫩的粉。“原来院里都有煤池子，就是放蜂窝煤的煤池子。这个路面也很泥泞的，改造后道路平整了，我们也不烧煤了，都改成电了，生活环境现在变得特别的优美。”草厂社区居民李彩仙深有感触地说。

快乐、勤劳、忙碌的胡同居民，其自信豁达、天然乐观的生活状态，保留着胡同里浓浓的烟火气，让我们在新的胡同生活中感受到了新的幸福。这也是在庆祝中华人民共和国成立70周年阅兵仪式中重要的基调。谁的故事谁来讲，让普遍老百姓讲述自己的故事，让普通居民体现心怀国之大者，体现他们对国家、对民族，尤其是对于我们党的深厚情感。

国庆大典　英雄儿女心怀祖国

孙茂芳，1942年10月生人，北京军区总医院原副政委。素有“京城的活雷锋”之称的孙茂芳，1964年入伍，曾任闻名全军的河上勇士“十人桥”班班长，是全国全军学雷锋重大突出典型，解放军一等功臣。

孙茂芳从小就乐于助人，参军后深受雷锋精神影响。他说：“雷锋精神就是要坚定信仰一辈子，服务奉献一辈子，艰苦奋斗一辈子。”在总医院工作的30多年时间里，孙茂芳照顾了许多残疾人、孤寡老人。他淡泊名利，无私奉献，先后从工资中拿出数十万元济困帮贫，践行了“学一辈子雷锋，做一辈子好事”的诺言。几十年来，他做的好事数不清，获得的荣誉和奖励也数不清，被授予“全国精神文明建设十佳个

∧ 全国道德模范“当代雷锋”孙茂芳

人”“全国十大公益之星”“全国优秀志愿者”“全国助残先进个人”“全军先进退休干部”等荣誉称号。2014年，他被中央和国家部队机关授予中国“雷锋”称号。俄罗斯国家电视台登门专访，北京军区党委先后两次做出向孙茂芳同志学习的决定。联合国授予他“国际爱心大使”称号，北京市授予他“北京奥运形象大使”和“北京慈善形象大使”称号，中国奥组委选他为“2004雅典奥运火炬手”和“2008北京奥运火炬手”。

∧ 庆祝中华人民共和国成立70周年阅兵式

孙茂芳把自己生命的每一分热、每一分光都无私地奉献给人民，以一颗真诚与火热的赤子之心为人民服务，谱写了壮丽的人生故事。2019年，近80岁高龄的孙茂芳老人，收到观礼庆祝中华人民共和国成立70周年阅兵仪式的邀请，这是他第三次受邀参加阅兵观礼。第一次是2009年庆祝新中国成立60周年阅兵观礼，第二次是2015年抗日战争胜利70周年的阅兵观礼。这一次，他作为先进人物代表，受邀参加2019年的国庆盛典观礼。“这是对我最大的奖励，我在天安门穿着军装，戴着帽子，举着国旗，喊祖国万岁，祖国光荣，祖国伟大”，孙茂芳无比自豪地说。

童声颂党　东城少年强国誓言

东城区作为首都功能核心区，不仅是地理意义上的核心，更重要的是它富有悠久的历史文化积淀，长时间处于历史文化中心的位置。

建党百年庆祝活动的总导演肖向荣说：“2021年天安门广场上的建党百年游行队伍，井然有序。能做到这样，达到这种效果，是基于整个北京市，尤其是东城区的高效调度。而这种高效调度与整个城市居民极高的政治觉悟有直接关系。这里的居民，可以说从小就培养了这种政治觉悟。我们以往的重大庆

∧庆祝中国共产党成立100周年大会天安门广场盛况

祝活动，如庆祝新中国成立60周年、70周年，他们可能从小就已经在游行的队伍里面。他们是跟着共和国一起成长的，跟着北京一起成长的，他们的成长岁月和日常生活，可能跟我们国家的重大国事活动都紧密相连。所以，在他们的基因里面，就有这种政治觉悟，就有习近平总书记说的心怀国之大者的使命和担当。”

在庆祝中国共产党成立100周年大会上，距离祖国心脏最近的，是由来自北京大中小学的青少年组成的千人献词团，他们用真诚质朴的语言，在偌大的天安门广场上，向中国共产党和伟大的祖国母亲深情告白。千人献词团中，有许多东城学子的身影，他们都是经过层层选拔的。北京景山学校学生吴德宇就是成功入选10人领诵预备队中的一员。“我们在找到吴德宇的时候，我觉得他给我的第一印象就非常自然，落落大方。”肖向荣在谈到吴德宇的时候说，“给我的印象非常深，

∧ 共青团员和少先队员代表集体致献词

特别能说，表达能力极好”。

入选领诵组的吴德宇充满力量和激情，他自信地说：“《请党放心　强国有我》这篇文章的文采特别好，它像一首诗一样，让我感受到作为一名少先队员的使命感。少先队员是共产主义的接班人，也是祖国未来的栋梁。所以，《请党放心　强国有我》如同誓言，我也暗暗下定了决心要为祖国、为人民去做贡献。”

然而，10个学生需要面临一个最残酷的事实，就是7月1

∧ 吴德宇接受采访

日最终站在领诵舞台的只有4人，其他6人会自动编入千人献词团，成为一名普通献词成员。在集训的最后3天，导演组最终确定下4名领诵的学生，吴德宇没有入选。最后一次审核的时候，看着几个孩子灿烂的笑脸，导演组的内心五味杂陈，他们完成了那么长时间的集训，最终只能作为替补队员，落选了领诵的位置。吴德宇接下来的表现感动了现场所有人，他说："老师没事，我们就是一个球队，总有人上场、有人在，只要赢了就行。"

最终没能站在最前方领诵，吴德宇并没有觉得遗憾，"最开始听到没有成为站在最前面的那一组的时候，其实心情也低落，感觉失去了一个展现自己的机会。后来在老师还有其他成员的温暖鼓励之下，我逐渐意识到我们是一个集体。"更重要的，吴德宇觉得那段经历对自己尤其宝贵，他在心中早已默默许下诺言："奋斗正青春，青春献给党！请党放心，强国有我！"

大国自信　中华文化兼容并蓄

文化是一座城市的灵魂，是城市发展生生不息的力量源泉。在东城，7.8公里中轴线纵贯南北，天坛、地坛遥相呼应，故宫、天坛、大运河故道玉河段3处世界文化遗产坐落于此，集中代表了中华文明的传承，是中华民族共同的文化符号。在这里，我们可以看到兼容并蓄的中华文化，和而不同、各美其美，而且每一个都能达到它本身美学的标杆。这也是东城文化最显著的一个特征：兼容并蓄、和而不同。

过去，在很长时间里，中华文化与西方文化的交流都是被动的。很多西方学者来到中国多是以“猎奇”的方式或者以一种人类文明采集的方式，把我们的文化“猎奇”出去或者采集出去。京剧彩塑脸谱非遗传承人赵楠介绍：“21世纪80年代、90年代，在前门饭店、梨园剧场、友谊商店这些地方，

∧ 天坛

∧ 独具特色的京剧彩塑脸谱

外国游客特别多，他们会把我们的彩塑脸谱作为旅游纪念品带回去，因为这是中国独有的特产。”

今天，我国的综合国力、人民生活水平和国民综合素质都大幅提升，最重要的是我们国家对文化的认同感大大增强，文化的向心力和文化自信都在不断提升。我们的文化已经从“追随者”变成了“引领者”。

2008年北京奥运会的“北京欢迎你”变成了2022年北京冬奥会的“一起向未来”，来自东城的景泰蓝制作技艺、北京泥人张、北京蒙镶技艺等多项国家级非物质文化遗产项目，分别以自己的方式融入冬奥盛会，让全世界感受到中国传统文化的魅力。

“泥人”登上大舞台。长长的耳朵，身披金盔、金甲的兔儿爷，化身冰球和滑雪运动员——两座名为“冰冰”和“雪雪”的兔儿爷彩塑，是“泥人张”彩塑技艺传承人姚晓静专门为北京冬奥会设计创作的作品，“冬奥会是在咱们的春节期间开幕举办，然后我想兔儿爷是老北京传统文化的一个吉祥物，所以设

∧“冰冰”和“雪雪”兔儿爷彩塑

计了这么一部作品。”

景泰蓝制作技艺国家级非遗传承人钟连盛主创的“冬奥五环珐琅尊”作品，吸引了来自全世界的目光。尊的主体部分，是层层垒叠的五环，颜色也是按照标准的五环颜色排列。每一“环”相交的地方是竹节造型，象征着节节高升。从外形上看，整座尊像一个粮仓，底下三足为虎的造型，稳重大气；尊顶有奥运图卷、冬奥会标志、吉祥物冰墩墩，整个尊将中国传统文化与北京冬奥文化巧妙地融合起来。钟连盛这样介绍他的创作灵感：“冬奥是五环，最典型的那个五环，所以把这个五环给它巧妙地垒叠起来。”

∧景泰蓝

吴中凤作为北京蒙镶技艺传承人，结合蒙镶工艺特点，创作了冬奥会和冬残奥会的纪念盘。纪念盘图案分别以北京冬奥会、冬残奥会会徽为主，汇入冰墩墩、雪容融、天空、火炬、和平鸽以及江山湖海等中国元素。吴中凤表示："能够让传统技艺和时代的大事件相结合，是一件非常有意义的事情。这个设计是一个精神象征，寄托了一份美好祝福，奥运精神实际上是给人类带来一种希望。"

各具特色、个个精彩的传统文化彰显了东城文化的魅力，也向世界展现了中国传统文化的魅力，传递出中国人的文化自信。京剧彩塑脸谱，讲的是中国人的美丑观，中国人心中的忠孝礼仁义，这其实根植了我们对中华传统文化价值的认同。现在，我们常说的国之大者，也是要对中华文化有深刻的认同。国之大者，一方面代表平安、安定，另一方面代表做事情的态度。虽是国之大者，但都落在细微之处，每一个细节都能做到极致，做到完美。今天，我们东城人的风貌，既有对历史的传承，又有对人民、对国家的恭敬之情。东城人的这份风貌，成就了今天的东城，既心怀国之大者，又能展现使命与担当。

第二章

中轴申遗路

探访官：吕舟（北京东城文化发展研究院副院长、清华大学国家遗产中心主任）

探访感言：在《中轴申遗路》中，我行走东城，梳理了十年来东城区在中轴线申遗工作方面取得的丰硕成果。为展现中华优秀传统文化精髓，体现现代文明魅力，东城区在文物保护与管理、环境整治与美化、居民参与共治等多方面助力北京中轴线申遗工作。东城区注重物质文化与精神文化的融合，注重人与文化互相塑造，共同维护老城壮美秩序，擦亮北京历史文化遗产“金名片”。

东城区，作为全国文化中心核心承载区，具有深厚的文化底蕴和丰厚的文化资源。北京中轴线则是这一区域中颇具代表性的存在，既贯穿古今文明，又汇聚中外精粹。随着北京中轴线被列入《中国世界文化遗产预备名单》,《北京中轴线文化遗产保护条例》正式实施，东城区不断提升中轴线环境风貌品质，加强对中轴线文化遗产保护。7.8公里的中轴线纵贯南北，如何助力中轴线古迹焕新、华彩绽放，是古都一翼——东城的一道必答题。

文物修缮　保护中轴文化基因

中轴线，南起永定门，北至钟鼓楼，贯穿东城区南北，发挥着北京城市骨架的统领作用，连接着东城区内多片历史精华区、多处历史遗产，构成了古都文化的天然谱系，集中彰显了首都文化自信。十年来，东城区多措并举，助力北京中轴线申遗。

文化遗产的保护与传承离不开对文物的保养修缮，钟鼓楼的修缮是东城区为中轴线申遗所做的重大工作之一。

北京钟鼓楼是坐落在中轴线北端的一组古代建筑，是全国重点文物保护单位。在钟鼓楼的建制史上，北京钟鼓楼规模最大、形制最高，是古都北京的标志性建筑之一。两楼前后纵

∧ 修缮前后的钟楼景观

置，气势雄伟、巍峨壮观，凝聚着中国古代劳动人民的智慧与力量。其斗拱每一攒都由一块大的石构件雕刻而成，钟楼上悬挂的永乐大钟采用铜制，重达63吨，是我国体量最大、最重的古代铜钟，被誉为中国的“古钟之王”。

历史上，作为司时中心，北京钟鼓楼敲响“暮鼓晨钟”，发布标准的“北京时间”，文武百官、平民百姓生息劳作均以此为准，是中国古代城市生活的象征。2010年，东城区对钟楼进行防渗加固修缮；2013年，对钟楼、鼓楼、马道以及马道墙进行修缮；2021年，完成了鼓楼西北侧擎檐柱、一层券洞

∧ 钟楼墙面、屋顶上扎根生长的小树

的修缮……为守护钟鼓楼这份古韵，东城区的文物保护工作从未松懈。

修缮工作并非易事。钟楼的墙面、屋顶上生长着根系发达的小树，导致建筑的灰背层和砖瓦遭到侵蚀破坏，不仅影响古建筑原有的风貌，还会出现漏水问题。由于钟楼正脊比较高，

∧ 鼓楼外景

许多地方无法进行日常保养与修缮。2021年，东城区启动钟楼楼体修缮工作，在先进理念和专业技术支持下解决了这一困扰多年的难题。修缮组选取48米高脚手架，以便于近距离直接接触楼体的各个位置，彻底根除瓦面上的枝芽与根系；还对墙面砖进行了细致的剔补，恢复了古建筑原有的风采。据钟楼保护

∧ 钟楼上鸟瞰图中轴线

修缮工程负责人刘长焕介绍，在文物保护修缮行业近30年中，如此高级别的修缮工作实属罕见。

文物古迹是否能列入《世界遗产名录》，取决于其价值、真实性、完整性和保护状况。十年来，东城区以中轴线申遗工作为驱动力，相继启动社稷坛、永定门御道、正阳门箭楼等多

∧ 永定门御道

项文物修缮工程，陆续对天坛公园及天坛外坛、太庙、皇史宬等北京中轴线的重要遗产点进行腾退保护与环境整治工作，为北京中轴线能亮出其“一线两翼”的磅礴气势，展现中国古代建筑的优雅风貌做着不懈努力。

∧ 永定门御道

第五立面　营造中轴景观视廊

城市发展不仅需要与时俱进地开发新功能区域，也必须维护原有区域的功能发挥。近现代北京城市发展中，由于交通、商业等发展需要，中轴线被周边环境包裹甚至不合理占用，轮廓与边界逐渐模糊，隐藏在城市中。与此同时，公众对中轴线的认同感也逐渐降低。因此，如何将中轴线清晰再现，是我们亟须解决的问题。景观视廊营造是城市更新过程中的必经之路。东城区在城市规划学者指导下不断探索中轴线景观环境整治模式，“第五立面”被纳入整治范围。

在前门的箭楼周边，民居屋顶上有很多杂物、棚架、设施，不仅布局凌乱，而且其材质、色彩与沿线传统建筑风貌格格不入，需要从整体上统一规划设计、整治改造。东城区前门大街第五立面设计师崔岩介绍：“东城区近年来的环境整治，从街巷到街区，是从‘线’到‘面’的一个升级过程。这次整治第五立面，是由‘面’到‘体’的升级，符合打造特色景观视廊的要求。”

第五立面整治遵循最小干预原则，在尽可能保持建筑原有样貌的基础上进行环境美化工程。整治包括：一规、二拆、三保、四改。“规”是指规划先行，“拆”是指对违章建筑、废弃管线进行拆除，“保”是指保护和恢复原有建筑的功能，“改”是指集中摆放民居屋顶的设备设施。具体通过金属网遮蔽、外观材质和色彩的统一、整体视觉的调和等措施来实现环境的美化。除前门大街以外，东城区还同步推进钟鼓楼周边环境品质提升项目（东城段）第五立面整治提升工作。

第五立面整治不仅提升了城市的“颜值”，更突显出北京中轴线在城市中的空间统领地位。营造景观视廊不能只局限于空中视角，还要全方位提升景观效果。中轴线南段御道连接着

∧ 东城区推进前门大街“第五立面”整治提升

永定门与正阳门，曾是古代皇帝的御道，随着帝王退出历史舞台而消失，如今作为“城市绿廊”重现。2022年6月，随着一块块御道石铺设完成，一条宽6.14米的石道与永定门御道无缝衔接，御道两侧新栽植的32株大国槐排列整齐、洒下绿荫，烘托出中轴空间景观序列，形成了南中轴线正阳门与永定门之间通透的绿色视廊。站在这条御道上，向南可看见永定门城楼，向北则直接看到前门，壮美有序。

∧ 中轴线绿色视廊

环境整治就是要把巨大的建筑群和城市空间组成一个有机整体，使人耳目一新，人与自然和谐共生，这也是中轴线申遗的根本目标之一。十年间，东城区先后开展了北中轴线北段景观改造工程，钟鼓楼广场恢复整治工程，故宫周边筒子河精品街区绿化提升工程，安德城市森林公园、燕墩公园等中轴线周边景观建设项目，为市民提供了很多领略古都风貌、感受中轴线魅力的好去处。

∧ 中轴线南段御道

点亮中轴　释放遗产现代活力

关于文化遗产，只保护是远远不够的，还需要构建可持续发展的申遗之路，即以人为本，关注社区居民的生活状态，倡导居民共建共治共享，形成有活力、有温度的社区共同体。

∧ 正阳门箭楼

从鼓楼向南远眺万春亭，一条璀璨的灯光带向南延伸，照亮了钟鼓楼、旧鼓楼大街和地外大街，仿佛郭沫若先生笔下“天上的街市”，这就是夜晚的中轴线。

北京中轴线，被称为北京的“脊梁”。梁思成先生称赞说，北京独有的壮美秩序就由这条中轴的建立而产生。2021年，北京市开始实施“点亮中轴线”项目，范围从钟鼓楼延长至奥林匹克森林公园。照明设计师胡熠和她的伙伴们接下了这个任务，他们想通过灯光的运用，让大家在夜晚也能感受到中轴线

∧ 中轴线前门大街段

的魅力。

按照设计方案，“点亮中轴线”景观照明提升项目主要包括6个核心建筑群，搭配永定门区域“江山永定”、正阳门区域“京韵繁华”、天安门区域“庄严恢宏”、故宫景山区域“壮美紫禁”、钟鼓楼区域“时空流转”、奥运塔区域“时代锦绣”6段场景故事，最终形成“一轴，国之正中；六境，广汇祥和”的效果。

^ 点亮中轴线

以钟鼓楼区域为例，主题是“时空流转”。钟鼓楼是元、明、清三代的报时中心，如今，晨钟暮鼓不再响起，如何让人们现场感受钟鼓楼的历史文化？时光流转需要“刻度”来度量，设计师将十二时辰的概念融入设计，通过色温调节对不同的时间段进行区分。具体来说，即从酉时（17时至19时）开始，按照时辰顺序，经戌时、亥时、子时，以暖黄色为基础，色温和亮度不断变化，提醒人们时间的流转。

永定门区域主题是“江山永定”。永定门公园位于中轴线的南起点，南中轴与南二环在此交汇。为了点亮这一段夜景，设计师在点亮过程中，尽量保留永定门城楼原有照明设备，检测和精细化维修现有线路、灯具，更换破损，增加城墙照明，使永定门城楼夜间形象更加完整饱满。永定门公园内御道灯柱灯光设计也费了一番巧思。御道不仅代表古都文化，也是城市休闲空间。此前，由于多年使用，御道灯柱光源较暗，天黑以后市民散步得用光照路。这也导致了该段在中轴线上形成了明显的断点暗区，天色越晚，越加显暗，与中轴线景观效果定位不符。改造中，设计师们遵照御道灯柱原有风貌，在上方加装LED线性投光灯，下方加装LED方形投光灯，不仅勾勒出清晰的御道轮廓，让光源为市民照路，还营造出了静谧、温暖的游园氛围。

中轴线在历史上是帝王的轴线，现在是人民的轴线。点亮中轴线，就是要让所有人共享。

高级摄影记者、摄影集《北京中轴线》作者张洁回忆："我6岁来到北京。北京城很大，我住在北城，永定门在南城，以前交通很不方便，往返特别复杂。但现在不一样了，8号线地铁，出站后东边是天坛，再往南一点点是永定门。"因其与中轴线共同成长的记忆，张洁已经在中轴线上拍摄了千余张人物作品。在他的镜头下，中轴线不只有厚重的历史，更有鲜活的烟火气。2022年，他特意选择黄昏时段拍摄永定门，拍摄夜色中被点亮的中轴线。

∧ 被照亮的永定门

张洁说："中轴线的点亮，让我能够碰到热爱生活的人，跟永定门有故事的人。作为北京摄影师去拍摄这些，是对这座城市的一个真情告白。"

霓虹闪烁的金色主调增加了永定门广场的人气，还为中轴线增添了一份庄重与温度。"点亮中轴线"，为人们带去了便利与欢乐，中轴线像流贯北京的河，滋养守护着这里的人们。在历史与现代、人与景的完美融合下，人们的欢声笑语是对中轴线最好的守护与传承。

公众参与　齐心合力守护中轴

文化遗产的保护需要社会参与，人们的关注与爱护增强了文化遗产的生命力，从而使文化遗产得以在历史长河中赓续不绝。东城区越来越多的市民，参与到中轴线的保护和宣传中来。

在史家胡同小学"服务学习项目"中，陈旭烨和同学们选择了北京中轴线作为主题参与活动。他们通过实地考察、资料收集与汇总、专家线上交流、短视频制作等多种方式讲述中轴线的历史渊源、人文习俗等，创建了"最美中轴线""中轴故事汇""中轴解惑"等多个不同主题的视频号，受到了广泛关注与好评。中轴线的历史故事激励着一代又一代人积极向上、努力奋斗，人们也积极热情地守护着中轴线，使之更加源远流长。

东城区中轴线展陈百花齐放。位于隆福寺的“知造局”设

∧史家胡同小学学生参与“最美中轴线”活动

∧“北京中轴线——中国理想都城秩序的杰作”展览精华版在永定门公园开幕

计了“北京中轴线的秩序与生命力”沉浸式的光影互动空间，用新颖的方式体验中轴线魅力，促进遗产保护与交流。此外，北京东城文化发展研究院举办“一元‘中’始——2022北京中轴线特展”，通过展览展示、沙龙讲座、互动体验等，广邀市民群众走近中轴，共同畅想北京中轴线及老城保护的愿景。首届北京文化论坛在东城举办之际，“北京中轴线——中国理想都城秩序的杰作”展览在永定门公园正式开幕，市民们可以通过现代科技演绎，回望中轴线的600多年历史，并近距离参观展

∧夜色下的正阳门

览及永定门城楼、御道遗址，感受中轴线历史文化之美。东城区依托辖区内的中轴线周边文化资源，以“中轴揽胜　文润东城”为主题，组织策划“中轴线上”系列文化活动，生动讲好“中轴线故事”。

十年期间，东城区大力推进中轴线申遗综合整治工程，伴随着文物修缮、考古发掘、环境整治、公众参与等多项系统工程进入尾声，助力北京中轴线申遗的目标基本完成。为了展现中华文明的独特样貌，为了凸显东方建筑的古典韵味，东城区努力将文物保护演化为历久弥新的文化传统。

中轴线不仅是北京这座千年之城的有机组成部分，更是中国古典建筑文明的典型例证。希望我们通过对中轴线的保护，增强对文物的认同感和保护意识，将物质文化与精神文化融合在一起协调发展，共助中华文明源远流长。

第三章

国风雅巷

探访官： 龙安志（居住东城区四十年的美籍作家、导演）

探访感言： 我在北京东城的胡同里生活了四十年，眼见着十年来，我住的胡同四合院越来越美，停车越来越方便。我对于发生在身边的变化，充满了好奇。有人告诉我这种城市治理是中国式“绣花”，所以我要探访自己生活的东城地界的“绣花”功夫。我和崇雍大街的规划师聊天，我去看三里河的天鹅。我越来越喜欢老北京的生活，这个文化有深深的根，令人着迷。

十年来，东城区严格落实习近平总书记“老城不能再拆了”的要求，坚持人民城市为人民，以“绣花”功夫推进城市治理，破解老城保护难题，全面提升首都功能核心区街巷环境品质，使城市空间更加清朗有序，彰显“首都风范、古都风韵、时代风貌”的城市特色。

崇雍大街　重塑大市银街

北京是一座建在古都上的城市，老城更新是永恒的课题。一条崇雍街，千年北京城。崇雍大街是一条有着700多年历

^ 崇雍大街城市景观雕塑

史的老街，作为连接天坛与地坛的重要轴线，承载着北京老城历史文化的深厚底蕴。

随着城市的发展，崇雍大街长期面临公共空间无序、建筑风貌杂乱、文化彰显不足、交通出行不便等问题。从2018年

∧ 崇雍大街改造前后对比图

∧ 老商铺合芳楼清朝时的照片

到2021年，70多名建筑设计师用4年时间修复了这条4.7公里的长街。改造后的崇雍大街不仅保留了具有历史年代感的老建筑、老牌匾、老物件，还原了老北京的独特韵味，还增加很多便民设施，找回了“文风京韵　大市银街”的感觉。

100多年前，东四牌楼是北京的商业地标，东四南北大街商铺林立，清末与民国混搭的建筑风格，让它别具风情。清末最出名的饽饽铺合芳楼位于东四一带，那时，来华外国人把它当作北京铺面的代表之一。合芳楼留存有多张不同时代的老照片。不过，合芳楼在1925年后，便消失在人们视野里，后来的研究者一直无法确定它在东四的具体位置。如今通过改造，合芳楼饽饽铺重见天日。“当时还担心这个建筑有安全问题，专门找来专业的结构工程师，进行了一下分析测验，证明还挺

∧ 崇雍大街上恢复原貌的历史建筑

结实，后来基本保留了原貌。”时任东四街道办事处副主任的李哲介绍，“我们就跟文物专家、古建专家一块儿专门分析，到底哪些老的这种部件能够留下来。经过仔细分析测验，基本上90%的这些老的装饰都给保留下来了。”

崇雍大街在近五年的保护修缮中，使用了老砖140余万块、老瓦73万余块，这些经历过时间沉淀的老旧建材的再利用，不仅可以有效地节约资源，还能最大限度地保有房子本身的历史感，人居环境也有了明显改善。

重焕新生的不只是大街风貌，整条街的舒适性、便利性也大大提升。纪录片《功夫》，就选择了这里作为拍摄场景，因为这里有纯粹的北京风貌。

崇雍大街改造，在历史街区的保护中，恢复了老街区的传统风貌，但它也只是东城区城市治理的一个缩影。从2012年开始，东城区在胡同和老旧小区的环境整治和景观提升上不断发力，从出台全市首个风貌保护管控导则到全面落实责任规划师制度，从“街巷整治”到“街区更新”，东城区的城市治理越来越精细，东城这个文化底蕴深厚的城区越来越彰显出千年古都的雍容气度、历史风貌。

∧ 街巷胡同管理责任公示牌

交通微循环　让城市“慢下来”

城市道路交通拥堵是现代城市发展中常见的一大难题，首都功能核心区交通拥堵问题更加突出，治理难度更大。通过微循环建设完善全区路网系统，是东城区缓解交通拥堵的重要举措之一。

2016年，东城区制定《东城区城市基础设施优化提升行动计划（2016—2020年）》，并与北京市城市规划设计研究院市政规划所、交通规划所合作，反复研究探讨本区道路交通等各项数据指标，围绕缓解交通拥堵这一主题，对辖区内道路交通情况进行了全面梳理和分析，制定了打通断头路、畅通道路微循环改造项目。2020年，根据《北京市城市慢行交通品质提升工作方案》，东城区按照使骑行更舒适、步行更通畅要求，打造“健步悦骑”试点区，通过增加智慧交通系统、打造共享单车停车入栏结算、压缩机动车道路宽度、减小机动车道路转弯半径、拓宽人行步道、完善标识系统等措施改善本地区慢行系统环境，提升慢行品质。

东四北大街、南大街一线，北起北新桥路口，南至干面胡同西口，全长2.74公里，历史文化资源丰富，沿线商业比例达69%，兼具“北古南新”、市井文化、活力商街等特点。2020

年，东四南北大街升级改造工程启动。为了恢复百年老街方便快捷、热闹繁华的景象，改造过程中，对电线杆、变电箱等城市家具"多杆合一""多箱并集"，整条大街两侧可视的各类杆体从660根削减至268根，箱体从707台削减至24台；部分路段通过道路大修、拓宽人行步道、将沿街商户占道台阶退入室内等，让人们行走顺畅；4处老式公交站台被改建为"港湾式"公交站，为慢行、公交腾挪空间。

∧ 慢行系统改造升级后的大纱帽胡同

美丽院落　改善人居环境

城市微治理的出发点不仅在保护古城原有的文化风貌，更是要让四合院的生活也能“有里儿有面儿”，满足居民实际的生活需求，让老院居民过上现代化的生活，提升百姓生活的幸福感。

2017年，东城区启动“百街千巷”环境整治工作，改善了东城区背街小巷的环境面貌，提高了居民对公共环境整治的关注度和参与度。2020年，东城区率先开启“美丽院落”试点改造，选取景山街道、安定门街道、交道口街道等7个街道的44个院落进行试点，采取微治理的方式，在不影响传统风貌的基础上，重点解决院内杂物、便民设施、绿化美化等问题，为居民营造更舒适的居住空间。

史家胡同205号院公共空间提升，是朝阳门街道2020年“美丽院落”项目之一。院内共有居民12户，整体居住密度较大，居住面积狭小。小院采用了全过程公众参与的改造模式，由街道办事处、社区居委会与朝阳门街道责任规划师团队、史家胡同风貌保护协会合作，通过“院落征集—前期调研—参与式设计—实施准备—动工实施—后期维护”6个环节，针对居民实际需求，推动院落公共空间的整体改造提升，改善居民生活品质。

在改造过程中，责任规划师的参与发挥了重大作用。“美丽院落”的规划师们通过多种方式逐户调研，了解居民对改善居住环境的需求和建议，实施“一个院落一个规划”的设计方案，切实改善居民的居住条件。205号院是责任规划师赵蕊跟踪了两年的项目，早期建房时，居民家中都没有接入下水管道，院内也没有公厕，距离最近的公厕在700米外，“如厕不便”成为多年来困扰院内居民的难题。赵蕊借助史家胡同风貌保护协会平台，集中市政、工程等部门充分研讨，通过对

∧ 美丽院落

院内居民户数的测算，利用净化槽技术解决了居民如厕不便的难题。

东城的“美丽院落”改造，已经从曾经“自上而下”的任务部署转变为“自下而上”的民意立项。规划师们走进居民家中，居民张迎星高兴地说：“我生活在这胡同30多年，对这胡同有很深的感情，我要把胡同日新月异的变化画下来，将现在的幸福生活记录下来。”

在“美丽院落”建设过程中，东城区始终以居民需求为导向，制定了《东城区“美丽院落”治理试点工作实施办法》，形成了立项动员、拆除违建、清理死角、完善设施、强化自治的“五步流程”，在不影响传统风貌的前提下，采取院内公共空间“微整治”方式，为居民创造更加舒适的生活空间，让传统四合院重新焕发新生，“美丽院落”随处可见。

不停车胡同　让街区静下来

“停车难、停车乱”一直是首都功能核心区的老大难问题。前些年，胡同道路两边零散停靠着的私家车，给胡同居民出行带来了很大的困扰。另外，停车不规范还给胡同居民带来了安全问题和噪声污染。“自从家家户户都有了车之后，停车就成了我们的一大难题，大家都会拿破椅子、旧自行车来占车位，胡

∧ 崔府夹道“不停车胡同”

同两侧都是车，道路拥挤，给居民出行带来很大不便”，住在中绦胡同的居民赵志怡说。

为了解决居民停车问题，东城区明确了共享、盘活、适度建设3条解决路径，不少公共建筑、写字楼纷纷与周边街道、社区结对子，拿出部分停车位进行共享。还有些胡同建造了立体停车楼，或者开发利用地下空间，让胡同里的汽车“上天入地”。在中绦胡同，一个占地面积3215平方米，地上空间两层，拥有210个停车位的停车场已经完工，即将投入使用。赵志怡说：“这是政府为居民办的一件好事，车停到停车场去，能睡个踏实觉了。将来胡同变宽敞了，老人也可以像过去老北京似的，出来坐门口聊会天儿。”

自2018年开始，东城区相继完成了王府井、五道营、崔府夹道、东四六条等地的不停车改造，现在全区“不停车胡同”

∧ 胡同里的蜂巢停车场

∧ 银河SOHO地下停车场的共享停车位

已有43条。一个个无车街区、步行街区，如一块块拼图，正在绘就国际一流和谐宜居之都的壮丽图景。胡同正在成为家庭活动空间的延伸，老街坊扎堆儿聊个天儿，孩子们凑一起玩儿“跳房子”，四合院里的邻里情静静流淌，老舍笔下散发着烟火气的京味儿胡同重回人们视野。

生态宜居　打造城市绿色空间

绿地碧水蓝天交相辉映，美丽东城干净舒朗宜居。十年来，东城区立足首都功能核心区定位，以减污降碳协同增效

∧三里河公园里的网红黑天鹅

为抓手，以改善生态环境质量为核心，不折不扣打好污染防治攻坚战行动计划，各项工作取得积极进展。

青砖灰瓦，水穿街巷，既有江南水乡的意韵，亦有北京胡同的风情。三里河公园，是北京的网红打卡地，作为“园宠”的两只黑天鹅更成为了网红打卡地的明星。三里河形成于1437年，是护城河的泄洪渠，沿河道走向而形成的倾斜街巷胡同肌理和院落保留至今，众多清朝时期的地方会馆和戏楼也聚集在此，成为老城区丰富文化积淀的重要地区。

东城区在改造三里河的过程中，注重文脉传承，强调老城整体保护，依据历史河道的位置和走向，原汁原味还原了自然

∧ 前门三里河

水系，将京味儿文化的厚重与水乡的灵秀有机结合，再现老北京历史风貌。2017年4月，古三里河恢复水流潺潺的景观，重现了老北京历史风貌。古三里河河道长600米，河道沿线新增绿化面积5556平方米，形成了一道生态绿廊，沿河两岸的胡同院落里，百姓的生活环境也随着三里河的改造同步提升。

一院一策　恢复老院古都风貌

随着老城保护更新的深入，东城区街巷整治逐渐向街区更新发展，从“面儿”到“里儿”深化，由街巷向院落延伸。继“美丽院落”改造工程之后，东城区又启动老院落“微整治”，围绕拆除私搭乱建、完善便民设施、保护院内古建等方面“一院一策”改造提升，让老院子再现京韵京味儿，让胡同居民住得安心舒适。

“路面坑坑洼洼行走不便”“排水不好，雨天总有积水”“杂物随意堆放，没有储物柜”“花池杂乱、不美观”“墙面破碎，电线杂乱不安全……”居民们诉说着老院落的窘境。大江社区居民任国庆说：“以前我们院就是大杂院，一个院住着十来户，每家就十平方米，有的住着三代人。这胡同狭窄，每家都有煤棚子，进来的自行车有时候进不去这院。”草厂头条胡同3号院居民范军说：“那电线跟天罗地网似的，地面坑坑洼洼的，下雨的时候水都不往外排！”

每个院落按照“一院一策”的原则制订改造方案，切实解决院内居民在生活、出行、环境等方面的“烦心事”，提升居住幸福感。2020年，东城区聘请设计师走进三里河地区，在不影响传统风貌的前提下，重点解决影响居民生活的出入、环

∧按居民需求定制的“美丽院落”草厂头条3号院

境、秩序等民生问题。设计师团队一遍遍调研和征求居民意见，小院的改造绝对是“私人定制”。

草厂头条3号院，穿过雅致的门廊，绕过古朴的影壁，院中央3棵老杨树虬枝盘曲，展示着老舍笔下老北京四合院的怡然风韵。范军心里乐开了花，说道：“改造完以后，我们这环境真是不错。我们家有老人，院里给安了扶手，老人出来就方便。”

十年间，东城区1.7万余户居民住房条件得到改善，建成100余个“美丽院落”，“不停车胡同”达43条，增加车位供给2万余个，建成大尺度公园8处、口袋公园近50余处，新建和改造绿地126.7万平方米。东城区正是通过城市微治理，提升街区的风貌，改善百姓的生活，守护古都的文化，留住北京的乡愁。

第四章

文物活起来

探访官： 单霁翔（北京东城文化发展研究院院长、中国文物学会会长）

探访感言： 我曾经是故宫的看门人，从事文物保护工作多年，介绍东城的文物我最有发言权。十年来，东城区完成了多项文物的保护和修缮，文物活化案例也精彩纷呈，正是因为对文物的保护及合理利用，才让传承几千年的历史文脉得以延续。东城区开创了文物活化利用新模式。十年来，东城区文物资源与文化活动的深度结合体现了东城文化的影响力，让老城焕发新生。

东城区作为首都功能核心区，是文物古迹最集中、文化最深厚、景观最瑰丽、历史最悠久的城中心腹地，辖区内有不可移动文物374处。十年来，东城区践行“崇文争先”的理念，打造文物活化高质量典范。

宏恩观　文物修缮最小干预

东城区把科技创新应用到文物修缮上，让文物保护与时代共进。2021年，东城区首次对花市清真寺、原成寿寺皇帝敕谕

∧ 宏恩观文物“体检”

碑、翠花胡同27号四合院等58处区级文物保护单位启动集体“体检”，形成了一物一档基本信息、一物一份“病历本”、一物一套VR（虚拟现实技术）数字全景档案等文物监测管理资料库。在修缮过程中，坚持最小干预原则，采取传统修缮方法，既能够最大限度保留它的原状，又能最大限度保留它的历史信息。宏恩观的修缮是东城区利用科技创新保护文物的典型案例。

宏恩观，前身为千佛寺，始建于元元贞年间，位于元大都中轴线最北端，至今已经700多岁。2021年，东城区为区域内一批古建筑“体检”，宏恩观就在这次“体检”中发现了隐藏的问题。据宏恩观“体检”项目工程师周冡磊介绍，为确定宏恩观内部情况，专家们利用红外热成像仪，通过温度的高差变化具体确定渗漏点的位置，用三维激光扫描仪对整体建筑的变

∧ 20世纪40年代的宏恩观

形情况进行快速收集，最终编制形成健康“体检”报告，这对于宏恩观来说是首次。

在宏恩观修缮过程中，专家仔细查阅史料，研究修缮的历史，发现明代曾修了3次。认真研究它的生命历程，先“体检”以后再修缮，对于古建筑的修缮具有十分重要的意义，这就是今天我们坚持的研究性文物修缮理念。

东城区初步建立了一套全区的文物安全资源数据库，建立文物的全景VR上传到云平台，能够直接看到每一处文物的“病害”情况。这对于文物保护来说是全新的体验，在全国也是首创。

东城是文物古迹最集中的一个区域，给古建筑“体检”，从重视抢救性保护转变为抢救性保护和预防性保护并重，这样一个先进理念在东城区的普及，是文物保护工作非常大的进步。

寻梦曹雪芹　文物活化红楼情缘

曹雪芹故居纪念馆，是为纪念清代文学家、《红楼梦》作者曹雪芹而兴建的主题纪念馆。2022年7月底，位于东城区磁器口的曹雪芹故居纪念馆正式对外开放。

中国红楼梦学会会长张庆善介绍：“有充分的文献史料证明，这里是曹雪芹写《红楼梦》的地方。曹雪芹故居承载的是厚重的历史，文化的精髓，是弥足珍贵的财富。东城区推动曹雪芹故居的复建，为北京建设世界文化之都提供了不可或缺的人文价值。这将是研究曹雪芹和《红楼梦》文化新的里程碑，是中国文化史上的一桩大事，是文物活化利用的生动案例。”

曹雪芹故居纪念馆共三进院落，基本展陈集中在二进院，突出“曹雪芹与北京”的主题，以曹雪芹在北京东城的生活经历为主，展示“归籍京师”“寻梦蒜市口”“红楼一梦”三个篇章内容。纪念馆灵活展示建筑本体历史、曹雪芹生平、崇文门

^ 曹雪芹故居纪念馆院内一角

地区文化、清代北京历史民俗、《红楼梦》文学、传统手工艺等文化内容，实现从故居到曹学、红学，再到中式生活美学，到当今文化自信的内容扩展。“这里毗邻崇外商圈，周边大型商场林立，附近的艺术工作室、展览馆、小剧场与曹雪芹故居纪念馆形成联动。以蒜市口故居为起点，向东可看卧佛寺的老枣树、隆安寺，向西进兴隆街看城南会馆文化，向南去珐琅厂、玉器厂、百工坊、天坛工美参观老北京传统手工艺。”曹雪芹

∧ 曹雪芹故居纪念馆院内一瞥

故居纪念馆公共项目主任刘真言介绍说。

东城区把曹雪芹故居纪念馆作为载体，将曹学、红学、市井文化、非遗文化整合起来，成为中式生活美学和中华民族文化自信的延展。在东城，18.5片历史文化街区，225项非物质文化遗产项目，413处挂牌保护院落……当传统文化与高质量发展聚合时，东城这座名副其实的“文化富矿”迸发出巨大能量。

∧ 曹雪芹故居纪念馆

前门会馆　一馆一策活化利用

会馆承载多样的地域文化，是历史留给北京独特的文化资源。东城区现有37处会馆类不可移动文物，集中坐落于前门东区。南北交汇、规模各异的会馆建筑，商贾文化、饮食文化、梨园文化等多元交织的地域文化，为古老的会馆建筑赋予丰富

∧ 前门地区临汾会馆内景

∧ 前门地区临汾会馆梁架

的文化内涵。

临汾会馆始建于明代，距今逾400年，由山西临汾五行商人共建，整座院落为三进四合院，山西民居特色十足。临汾会馆曾成为一个有30多户60多名居民的大杂院。2015年，东城区完成了30多户居民的腾退。贯彻“保护为主，抢救第一，合理利用，加强管理”的指导思想，坚持原材料、原工艺、原结构、原布局，对临汾会馆进行了修缮，建成“北京会馆文化陈列馆”并对外开放。北京会馆文化陈列馆集中展现了北京会馆的产生、发展、辉煌、建筑特色与文化特征，展示了会馆修缮保护成果，传授了文物再利用的有益经验。

临汾会馆修缮项目负责人潘闪，从2007年就来到前门地区做旧城保护和文物修缮的工作，参与修缮的会馆有10余处。他介绍说：“临汾会馆内的一面墙是在修缮的时候特意露出来，给后人展示传统的工艺手法的。梁架的修缮也特别注意保护，用原材料、原形制、原工艺进行修缮，使它能够最大限度地保留历史信息。”

十年来，东城区立足会馆旧址，将散落的街巷院落穿珠成链，使会馆群落成为彰显首都文化的新地标，把会馆建成历史文化精华展示馆、多元文化交融共生馆；将37处会馆旧址一馆一策活化利用，吸引各地驻京办、商会及其他社会力量进驻，将会馆打造成各地文化交流互鉴的“会客厅”，集萃中华文化的“百花园”。

“会馆有戏” 打造演艺新生态

周五傍晚，前门三里河畔，青云胡同的颜料会馆里响起悠扬婉转的音乐。沉寂多年后，这座有着400多年历史的晋商会馆再次焕发活力。演出以山西绛州（今新绛县）鼓乐律动的鼓点开场，经典的曲目、精彩的演奏带领现场观众领略国乐之美。北京天街集团有限公司副总经理吴睿娜介绍，演出以民乐为主，融合京剧、唢呐、舞蹈、杂技等表演，突出“颜料会馆、山西会馆、丝竹会馆”三大特色。史料记载，颜料会馆始建于明代中后期，由山西的颜料、桐油商人集资所建，当时人们常在此雅集听戏。如今，看着会馆内的戏楼，仍能想

∧ 颜料会馆的戏曲表演

象当年的盛况。

2021年10月，东城区在颜料会馆拉开“会馆有戏”序幕，常态化举办“魅力新国风”等主题演出。同年12月，颜料会馆、临汾会馆、台湾会馆联动演出精彩亮相，“会馆有戏”在东城区全面落地，通过一系列“小而美”“小而精”的演出展现了多元融合的艺术发展趋势。时尚元素与历史积淀的结合，突出了对传统文化的创造性转化与创新性发展，彰显了会馆文化的勃勃生机。百年戏台再现光影，沉睡文物焕发新生。一批量身定制的演出，成为“大戏看北京”的创新表达。

东城区依托会馆资源，通过推动文艺院团演出进会馆旧址，不断拓展会馆旧址活化利用途径，“会馆有戏”走出了当代会馆旧址活化利用的新路子，架起古今对话的新桥梁。古老的戏曲唱腔在会馆中得到最为“原生态”的彰显。东城区独特的会馆文化资源成为创新活力的文化符号，这里的亭台里、水榭间、草坪上，进行着各类小型沉浸式演出，让游客循着“戏”找到会馆，走进会馆看大戏。

古建音乐季　听古建的声音

不仅会馆里有戏，古建里的音乐季“中轴线上”——2021北京古建音乐季也在东城拉开帷幕。活动选取孔庙和国子监博物馆、古观象台、钟鼓楼、智化寺、宏恩观、智珠寺等各具特色的知名古建筑作为演出场地，邀请知名艺术家、音乐家和文化学者等，为京城百姓、古建和音乐爱好者们带来一系列别开生面的沉浸式跨界演出，形成具有活力、传播度的内容矩阵。通过创新文物活化利用路径，用音乐奏响文物建筑活化利用的美好序章，擦亮北京历史文化遗产“金名片”。

“建筑是凝固的音乐，音乐是流动的建筑”，将古建与音乐联合，旨在支持社会多元力量利用古建新空间，提供多样

∧ 智珠寺内古建音乐季开幕

化、多层次的音乐产品与文化服务，为文物活化利用提供示范和引导。古建音乐季发起人小提琴演奏家杨小一说："做古建音乐季的初衷，是为了让更多的年轻人和我们的下一代，去感受这门传承的艺术，在这样凝固的建筑里边去做流动的音乐是对艺术最好的解读。"智珠寺小提琴演奏家杨晓宇认为，"对建筑本身，让它的生命延续和传承，最重要的一个手段就是让其发声，用我们用熟悉的方式，去恢复其本身的价值和生命力"。

东城区以创新的姿态，开创性地以古建空间为舞台，以音乐为媒介，让京城百姓、古建和音乐爱好者沉浸到这场别开生面的跨界演出中。

集萃千年文脉的北京东城，加强文物保护利用和文化遗产保护传承，发挥市场主体作用，不断探索文物活化利用的新手段新模式，奏响了传承历史文化、老城保护的主旋律，以文化塑形象、增动力、提品质，努力建设国际一流和谐宜居的新时代首都功能核心区。

第五章

以文化城

探访官： 马迟（北京广播电视台主持人，“潮北京”活动负责人）

探访感言： 作为“潮北京”活动的负责人，我深知东城打造了多个公共文化空间的网红打卡地。我对东城的“书香之城”的文化路线进行了寻访，深入体验了美后肆时、27院儿等公共文化空间，感受到东城区紧扣创新融合主线，不断优化公共文化设施网络、改革公共文化服务体制机制、完善公共文化服务方式方法，公共文化服务体系建设集中呈现了高质量发展特征与样态。

东城，以文化浸润城市，延续千年古都文脉，绘制老城复兴的生动画卷。丰富的精神文化生活，是文化建设的重要着力点，文化民生成为现代化进程中不可或缺的重要部分。以文化赋彩生活，资源丰富的公共文化服务，让京城百姓在家门口邂逅传统与潮流相交织的新文化。

角楼图书馆　创建新兴阅读空间

一座城市既要有烟火气，也要有书香味儿。东城区以阅读加老北京文化传承的全新理念，将老北京古城地标之一的角楼打造成一个从形式到内容都区别于传统样态的现代特色图书馆。

位于南二环护城河内侧东南转角处的北京外城东南角楼，是老北京的地标性建筑之一。角楼由于20世纪二三十年代自然坍塌，2016年，参照20世纪二三十年代的黑白老照片进行复建，在历时近两年的复建工程后终于揭开神秘面纱，与明城墙角楼、前门箭楼、永定门城楼共同环绕天坛形成“一坛居中、四楼环绕”历史文化景观。

东城区通过前期对角楼建筑特点、周边环境、人文环境等多方面的论证，最终确定把角楼打造成为一个现代特色图书馆，讲述北京的人、北京的物、北京的事，使之成为聚集、融

∧ 角楼图书馆

合了老北京文化特色，集图书借阅、文化展览、文化交流于一体的图书馆平台。

2017年10月，角楼图书馆正式对外开放，成为东城区第二图书馆分馆，小巧玲珑、古色古香。图书馆一层为主题文化活动及展览展示区，二层为图书外借与阅览区，三层为辅助阅览区和辅助主题活动区，除了向市民提供阅览服务，还日常开

^ 角楼图书馆

展各类文化活动。2020年11月，图书馆入选首届北京网红打卡地上榜名单。这里，不仅是周边市民喜欢的公共文化空间，很多远郊市民也来这里寻找关于老北京的记忆，这个小小的“最北京”图书馆，凝聚着很多人的乡愁。

打卡“书香之城”探访路线

除了最具北京风情的角楼图书馆，东城还有许多宝藏书店。实体书店是城市的文化地标，也是市民阅读的重要活动场所，不断延展、拓宽人们对于城市文化生活的想象空间，也在喧嚣的生活中营造一方精彩静谧的天空。2022年4月，东城区独创性地推出“国潮风尚”“书映百年”“国风静巷”“雅集流韵”“老城文华”五条“书香之城”探访打卡路线，将区域内王府井书店、码字人书店（王府井和平菓局店）、PAGEONE（北京apm店）、三联韬奋书店（美术馆店）、更读书社（东城隆福寺店）、山海四合 by Jetlag Books、书香世业主题街区、美后肆时景山市民文化中心等38处实体书店和街道图书馆“串珠成链”，吸引广大市民探索挖掘身边的美学场所与阅读空间，共同参与阅读，分享阅读之美，也让更多人看到实体书店所蕴藏的可能性。

“国潮风尚”贯通王府井大街南北，串联王府井书店、码

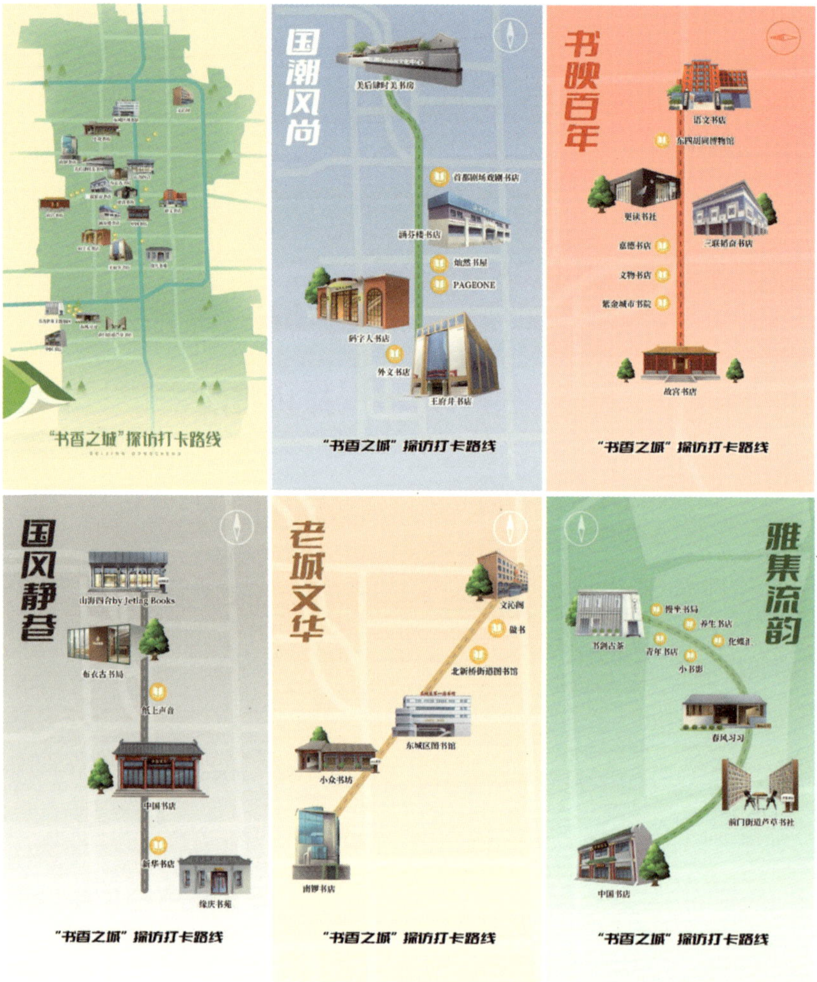

^"书香之城"探访打卡路线

字人书店、涵芬楼书店、美后肆时等，将百年"金街"传统与现代相链接，汇聚潮流艺术与阅读风尚；"书映百年"沿五四大街，串联故宫书店、三联韬奋书店、语文书店等，在历史的印记中感受书香的沉淀；"国风静巷"以东四北大街为轴，链接新华书店、中国书店等老牌文化企业，以及山海四合等新开办书店，沿着文化探访路领略胡同文化的独特魅力；“雅集流韵”汇集书香世业文化主题街区、春风习习等复合型书店，在“城市会客厅”中体验书店与社交、服饰、茶文化、餐饮、酒店、戏剧的文化融合；“老城文华”沿历史精华区，串联南锣书店、小众书坊、东城区图书馆、北新桥街道图书

∧ 涵芬楼书店

馆等空间，带领市民走进基层图书室与特色阅读空间，感受“文在城中、以文化城、文城一体”的书香氛围。打卡路线的推出，提升了故宫—王府井—隆福寺“文化金三角”的感知度和粘性，也吸引广大市民探索挖掘身边的美学场所与阅读空间，持续引导全社会形成爱读书、读好书、善读书的氛围。

“书香之城”探访打卡线路的推出，既是加速“崇文争先”的最新实践，也是《东城区关于加快“书香之城”建设 引导支持实体书店“四进”的实施意见》19项具体扶持政策“组合拳”的落地之举。东城区不断构建文化新场景、培育文化新业态，努力把实体书店打造成城市的“文化会客厅”。

“四进”政策　培育优质书店品牌

码字人书店是一家以戏剧、电影、诗歌为主题的书店，这里是“诗的温床，影的书墙”，在北京文艺青年中小有名气。

码字人书店创始人李苏皖，曾是互联网公司的一名高管，为了心中的书店梦，最终从互联网公司离职，用一年多的时间游历各地，考察各类特色书店的经营模式，并最终选址在老厂房改建的文创园里创办了码字人书店。昔日的老厂房摇身一变，被精心改造成一家以戏剧、诗歌、电影为主题的特色艺术

∧ 码字人书店

∧ 码字人书店的文化活动

∧ 网红书店内一角

书店，成为青年文艺创作者的大本营。开业以来累计举办线上线下文化艺术活动接近500场，首创了在书店中进行沉浸式话剧的互动体验。

2016年，东城区被中国图书馆学会评为第一批全国“书香城市”。作为东城一个持续性的文创产业的扶持计划，“文菁计划”于2020年第一次把实体书店纳入进来。不仅如此，2021年，东城区创新出台全市首个引导支持实体书店进商场、进楼宇、进社区、进园区的“四进”专项扶持政策，33家实体书店获评2021年度引导支持实体书店“四进”扶持奖励项目。

东城区落实“四进”政策，以“书店+”模式，催生文化产业新业态，赋予“书香之城”新的生命力。截至2022年10月，区内拥有8个大型书城，182家实体书店，万人拥有实体

∧ 网红书店——雍和书庭

∧ 阅读提升城市温度

书店达2.56家，指标位居全市第一。东城区还上线“书香东城”全民阅读平台，真正实现数字终端“24小时无障碍无边界”阅读。通过前门“书香世业”的呈现，特色书店的打造，东城让百姓的生活浸润在文化中。

“大戏东望” 构建文化品牌体系

东城有大大小小40多个剧场，各种不同类型的剧目竞相上演，一年演出近6000场。到东城看戏，已经成为京城百姓的一

∧ 话剧《生逢灿烂》在人艺实验剧场演出

种生活方式。

2022年8月30日，“大戏东望·2022南锣鼓巷戏剧展演季——致敬中国小剧场戏剧40周年”活动正式拉开帷幕。本届活动将从8月持续至12月，聚焦四大板块，以“城”为纽带，展现戏剧与城市的交融。其中“人间烟火”单元依旧延续“东城剧场演东城原创戏”的特色，《生逢灿烂》等原创剧目将轮番上演，展示老北京的风土人情和新北京的万千气象。

话剧《生逢灿烂》出自东城区伴路人戏剧工作室，导演马岩是个“海归”，在美国南加州大学学习古典戏剧后回到北京，选择在东城创立了自己的戏剧工作室，扎根投入戏剧创作整整十年。

十年前，大众还没有日常看戏剧的习惯。为了改变这种状况，东城区设立专项引导资金，以剧场建设、剧目扶持为重点内容，打造贯穿全年、差异定位的品牌活动，如全国话剧展演季、南锣鼓巷戏剧展演季、中国儿童戏剧节、北京喜

∧ 南锣鼓巷戏剧展演季

∧ 伴路人戏剧工作室导演马岩

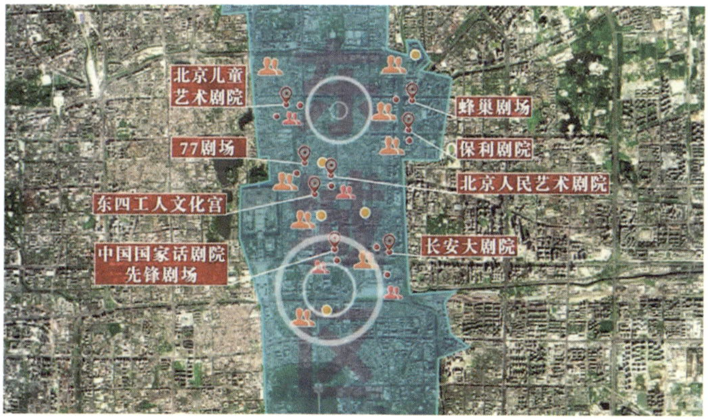

< 东城区拥有40余个剧场

剧节、中国青年戏剧节等。积极扶持原创剧目创排，孵化了一大批小剧场戏剧作品，构建了优质剧目东城首演机制、扶持机制。引进国内外精品剧目荟萃东城，同时不断推进戏剧普及活动。看戏剧、学戏剧、创戏剧、演戏剧成为常态，“戏剧之城”从真正意义上走进了基层，惠及了大众。

如今，东城区绘制了一张立体而饱满的戏剧版图，坐拥40多个剧场，占全市艺术类剧场总量的近1/3，以“大戏东望”为区域品牌，形成“大戏看北京，好戏在东城”的社会影响。

百年电影院　变身城市表演艺术中心

位于东单黄金地段的大华电影院，有着悠久辉煌的百年历史，曾是老北京人心中首屈一指的影院。大华电影院2008年停

∧ 大华城市表演艺术中心

业之后，进行了全新改造，如今“华丽转型”成为一个集演出场所、文艺团体、演出经纪机构于一体，同时拥有歌剧厅、戏剧场、环形剧场、实验剧场、天空剧场、音乐厅，以及10余个排练厅和多个公共艺术空间的综合艺术机构——大华城市表演艺术中心。

∧ 大华城市表演艺术中心

大华城市表演艺术中心的本体建筑始建于1926年，曾是北京城最好的电影院，当年很多影片的首映都会选择于此。赶上热门电影上映，影院门口常常排起长龙，但由于建筑结构老化，从安全角度考虑，2008年后暂停使用。2020年，著名舞美设计师、导演易立明亲自担任改造设计师，对建筑内部进行了功能性的全方位改造。

大华城市表演艺术中心有6个表演空间，一个是在原来电影院主厅基础上改造的歌剧厅，有着镜框式舞台、可升降乐池，以及上下两层530多个座位的观众席，功能很全，声音效果也非常好。戏剧场则更体现了国际化视角，T台形式的舞台三面都有观众席，可容纳290多人，既能让观众有近距离的沉

∧ 大华城市表演艺术中心开幕话剧《科诺克医生》

浸式感受，同时也给表演者留出了很多的可能性。舞台有点像古罗马剧场的环形剧场，有197个座位，不仅可以演出小剧场戏剧，还可以进行小型演讲类活动。另外3个更加灵活开放的表演空间，分别是音乐厅、天空剧场、实验剧场。此外还有10多个大小各异的排练厅，可以随时“变身”为各种不同功能的艺术区域，还有咖啡厅、画廊等不同功能区域，整个空间的设计利用得十分充分和巧妙。

2022年6月30日，开幕话剧《科诺克医生》在崭新的大华城市表演艺术中心隆重上演。易立明介绍：“其实老建筑的改造，我觉得比新建一个建筑更有趣，大华城市表演艺术中心囊括了目前世界上所有我们能够知道的剧场类型，我们也愿意为北京，为东城的居民，提供更好的观赏表演艺术的这种选择的可能性。”东城又创造了一个城市更新的奇迹。十年来，东城区活化利用闲置的建筑空间，把它们变成了美观、实用、便民的新型公共文化设施。

中央歌剧院剧场　打造文化新地标

中央歌剧院成立于1952年，隶属文化和旅游部，目前是亚太地区最具规模、实力、人才优势和影响力的国家艺术院团。能拥有自己的剧场，是中央歌剧院一代又一代歌剧人的梦想。20世纪80年代，中央歌剧院剧场建设就被提上日程，后来因为种种原因搁浅。几经周折，经过几代歌剧人的努力，这个梦想终于重新付诸实施。2010年，中央歌剧院剧场工程项目建议书获得正式批复。2015年，获得建设工程规划及施工的许可证，中央歌剧院剧场正式破土动工，2022年投入使用。

中央歌剧院剧场总建筑面积4.1万平方米，剧场设计以“凤凰”作为核心立意来诠释建筑内涵主题。其中剧场门厅外的18根28米高的立柱，扭转角度各有不同，如同凤凰尾羽灵动扭

∧ 中央歌剧院

转；极具灵动性的椭圆形观众厅，螺旋放射，如同凤凰腾飞时洒下的音乐光芒。剧场色调以与凤凰匹配的金黄色为主，内部金黄色与红色相交织的色系组合更加符合中国文化元素与欧洲古典建筑风格相融合的理念。总高6.5米、直径4.5米的华丽精致的穹顶吊灯，加上金碧辉煌的四壁内饰，置身其中极具观赏歌剧的仪式感。拥有最完美结构的中央歌剧院剧场应用了大量的全新手段，演出效果比肩世界级顶尖剧院。

为了推动歌剧的普及，东城区推出了20元的惠民票，让更多京城百姓能进入一流剧场欣赏高雅艺术。

∧歌剧《图兰朵》

美后肆时　不打烊的市民文化中心

美后肆时——北京景山市民文化中心，位于美术馆后街40号，朱漆大门、青砖灰瓦、回廊相连、灯笼高挑的四合院，吸引了不少路人的眼光。

“美后肆时”寓意四时更迭，美好永不间断。2020年9月22日，美后肆时正式对外开放，成为美术馆后街地铁8号线工程腾退后新建的地标性公共文化场馆，也是目前北京城区面积最大的街道级文化活动中心综合体。

进入院内，美剧院、美作馆、美阅馆等由一道回廊相连，从地上一层至地下三层，总建筑面积5400多平方米，大大小小21个文化活动空间，错落有致地嵌入地上一层至地下三层的院落。美后肆时是一处让市民在小院里邂逅生活之美、尽享欢乐时光的公共文化空间。

其中的美童馆，是专门给小朋友打造的阅读空间。里面的桌椅颜色鲜艳可爱，墙壁上画有遥控坦克、塑胶积木、不倒翁娃娃等玩具，童趣十足。儿童阅览室旁边便是成人阅览室，这里既是一个公共图书馆，也是对外开放的书店，市民除了凭卡借阅书籍，也能将喜欢的书买回家。在地下的美影馆，大荧幕上正放着有关北京中轴线的纪录片。邻近的美体馆内，几位阿姨正在专业老师的带领下学走模特步。美衣馆内陈列着以往手艺人在此制作的旗袍和用旗袍盘扣做成的装饰画……在美后肆时的会客厅墙上，挂着讲座、展览、音乐节等活动海报。这座四合院如一块文化磁石，将不同地区、

∧ 美后肆时

不同年龄段的人聚集到一处，体验各类文化之美。

美后肆时开放以来，累计进馆近36.5万人次，开展公益类群众文化活动2700余场，直接参与人数达28.1万人次，提升了市民的文化获得感和幸福感。

27院儿　胡同里的新型公共文化空间

看脱口秀，学跆拳道，学插花，学戏剧，能在同一个地方吗？当然可以。在东城就有这样一个风格有点“混搭”的小院儿。

27院儿，坐落于内务部街27号，2016年9月10日正式投入运营，以其地址为名。作为朝阳门社区文化生活馆，27院儿是一个集艺术、文化、体育、生活方式为一体的文化教育休闲活动空间。

北京ONE艺术创意团队作为27院儿的运营方，他们的设计初衷很简单：一是提升胡同居民的幸福感；二要吸引年轻人回归社区。团队发挥年轻“海归”的动能，将这里打造成一个面向居民和公众的集艺术活动、文化挖掘、生活方式、公共教育、美学培养为一体的综合性社区文化中心。

27院儿内有10个独立空间，用于开展戏剧、舞蹈、音乐现场、艺术展览、文学、沙龙、工作坊等系列活动，为社区居民乃至全城的文艺爱好者提供一个分享交流、寓教于乐的空间和平台。根据不同年龄层对不同文化内容的需求，27院儿将院落内的传统格局转换为涵盖社区画廊、综合性阅读空间、专家驻地研究主题空间、多媒体综合厅，以及针对儿童游乐、女性主题、饮食文化、健身康体、传统文化和创意工作展开的活动空间。作为一个小巧灵活的综合性社区文化中心，每个空间除了有相对固定的使用功能之外，还能够根据实际使用需求，调整空间使用方式。

^ 内务部街27院儿

如今，东城的27院儿，不断探索文化空间活化和可持续发展之路，以一个空间为支点，撬动了整个区域发展潜能。从邻里关系的恢复，到社会氛围的和谐，以及街区更新的推进，让人们看到了社区文化发展的巨大潜力。

∧27院儿居民活动

第六章

文化金三角

探访官： 王斑（东城戏剧家协会主席、北京人民艺术剧院演员）

探访感言： 我毕业就走进北京人民艺术剧院（简称人艺），扎根在王府井的人艺剧场。我亲身感受着东城打造的国际顶级文化矩阵故宫—王府井—隆福寺这个“文化金三角”的发展变化。从人艺新剧场的建设，王府井金街的变迁，吉祥大戏院的重新开张，隆福寺的新生，“故宫以东”文旅品牌的升级等十年间的发展，我见证着文化金三角汇聚起中国顶级的文化资源，实现“文化、人、城市空间、产业经济”融合共生发展，打造优质文商旅场景，构建文化产业新链条。

十年来，东城区围绕“文化+”，不断推动文化产业创新融合发展，努力将“文化金三角”区域打造成为老城的文化新名片，消费经济增长点。

人艺　助力东城打造戏剧之城

北京人民艺术剧院，作为新中国第一所艺术院团，是具有独特表演风格的最负盛名的专业话剧院，是中国人民文化艺术的殿堂。人艺在长达70年的艺术发展中，以长期的艺术实践与美学理论的积累，在现实主义与民族化、体验与体现及再现戏剧美学的内涵上，均达到了完美的融合，形成了鲜明的演剧风格，创建了著名的“北京人艺演剧学派”。人艺的主要剧目有《蔡文姬》《关汉卿》《茶馆》《雷雨》《丹心谱》《小井胡同》《推销员之死》等，其中老舍的名剧《龙须沟》是它的奠基之作，《茶馆》曾在欧、亚、美等不少国家演出，在国际上产生了强烈反响。

首都剧场，始建于1955年，位于王府井大街22号，是北京人艺的专业剧场。2003年3月，北京人艺实验剧场在首都剧场三层落成并正式启用。2015年12月，位于东四南大街的菊隐剧场亮相，核心剧场区域总面积为187平方米，舞台区域为60多平方米。2021年9月，位于首都剧场东侧的北京国际戏剧

∨ 人民艺术剧院外景

北京国际戏剧中心
BEIJING INTERNATIONAL THEATRE CENTER

中心正式对外试运营。北京国际戏剧中心总建筑面积达2.3万平方米，内设两个专业话剧剧场，分别为1个700座的中剧场和1个200余座的小剧场。中剧场命名为“曹禺剧场”，意在向北京人艺首任院长、剧作家曹禺先生致敬。位于三层的小剧场沿用曾位于首都剧场南侧的“人艺小剧场”这一名称，意在延续人艺舞台创作者与观众之间的舞台记忆。

十年来，人艺共创作排演古今中外大小剧目87部3649场，成为了文化新消费的引领者，激发了文化金三角的活力，助力东城打造中国戏剧创新中心，也让文化金三角成为国际顶级文化矩阵。

王府井　引领国潮新消费

王府井大街，南起东长安街，北至中国美术馆，全长约1600米，是北京最有名的商业街。东城区系统化推动国际消费中心城市示范区培育建设，通过“一圈一策”精准发力，推动王府井商圈加快迈向百亿级商圈，崇文门商圈规模突破50亿元，前门、东直门、隆福寺等特色商圈规模实现新突破。

王府井东安市场起源于1903年，是北京建立最早的一座综合性市场，在老北京人的心中占据着一定地位。东安市场在历经百年洗礼后，尝试把传统中式建筑和现代制作工艺相融合，将百年历史与当下和未来进行串联，从而“重叠出全新的空间”。同时，迎合现代消费者的个性选择与商业市场需求，成为王府井旗下首家买手制百货。

北京市百货大楼近年来也在持续升级。2019年，百货大楼在地下“挖”出一座老北京沉浸式体验街区和平菓局，成为新晋热门网红打卡地。未来，百货大楼还将引入定位导航、互动娱乐、AR游戏、移动收银等数字化项目，为顾客带来更加便捷的服务，更具趣味的体验。

北京冬奥会期间，工美大厦成为这里的流量担当，一层的北京2022官方特许商品旗舰店每天都顾客盈门。虽然冬奥会已经落幕，但这里仍有不少市民在排队购买冬奥特许商品。工美

∧ 和平菓局

∨ 北京王府井

大厦接下来的升级改造将突出工艺美术特点，将体验和讲堂活动带进大厦，体现工艺美术商品的文化承载力。工美大厦还将在三层打造自营商品，并留出讲座等多功能空间。

王府中环大力孵化培育新消费品牌，挖掘首店经济新潜力。在商场三层，一家年轻的原创设计师品牌店吸引了不少国货爱好者。在这里，通过精密的木加工技术，厚重的木材变成灵动的手袋，手袋上的图案以中华传统文化为设计灵感，进行别样呈现。这个源自北京的中式奢侈品牌，是王府中环孵化的

∧ 王府井的木工非遗技艺体验课

品牌之一。截至目前，王府中环引入的全国和北京首店数量累计达到20余家。

经过一系列升级改造，王府井大街逐步从传统保守的老街变身为引领时尚的顶级潮流街区，吸引大量首店、旗舰店入驻，不断孵化国潮品牌，利用王府井的品牌传播力助推民族品牌走向世界。在王府井这条百年金街，时尚商场里的购物消费与古典四合院中的非遗技艺体验，上演了一场现代与传统的良性联动。

∧ 藏在王府井四合院里的“燕京八绝”

∧魅力王府井艺术超级街区

吉祥大戏院　百年戏院获新生

在王府井金街，有一座百年老戏院，如今化身为“空中戏院”。《龙凤呈祥》《牡丹亭》等经典戏曲作品在这里上演着，古香古色的传统藻井彩绘与前厅可将故宫、景山、北海白塔景色尽收眼底的落地窗，展现着历史与现代的碰撞与融合。这里，就是吉祥大戏院。

步入吉祥大戏院，一袭白色轻纱率先映入眼帘，背后隐约浮现出京剧艺术家梅兰芳此前扮演的四个经典角色，似乎在诉说着京剧大师与吉祥大戏院的渊源，以及这座戏院的百年历史。

原名为“吉祥园”的吉祥大戏院，始建于1906年，是北京百年老字号戏院之一，也是老北京城内第一家戏院，梅兰芳、尚小云、程砚秋、荀慧生等京剧名家常在此登台，上演了一场又一场戏曲盛宴。

但在1993年，经典唱腔在吉祥大戏院消失了。为配合王府井地区整体开发，当时的吉祥园被拆除。这使众多京剧大师、业界人士及戏迷感到惋惜，并纷纷呼吁重建戏院。历经28年，2021年7月，吉祥大戏院在王府井银泰in88大厦重新开门迎客。

重新开业的吉祥大戏院从恢复设立之初就创新探索“场

∧ 百年老字号——吉祥大戏院旧照

制合一、场团合一”相结合的运营方式。作为吉祥大戏院的控股股东，北京京剧院长期在此演出，同时北方昆曲剧院也与戏院达成长期战略合作协议，北京市属京昆两大院

∧ 2021 年吉祥大戏院再度开张

∧ 吉祥大剧院内景

团的驻场为戏院的文化内容供给奠定了基础。与此同时，吉祥大戏院也不再单单是一个提供演出的场所，依托北京京剧院、北京市演出有限责任公司的演出资源和制作经验，

∧ 舞蹈家王亚彬在吉祥大戏院表演舞剧《青衣》

戏院也会创作剧目。

基于经典戏曲演出，吉祥大戏院打造的特色演出品牌，包括“国粹吉祥”京剧系列、“吉祥雅韵”昆曲系列、“吉祥绽放”地方戏系列、“戏曲名家名段演唱会”系列、“舞韵吉祥国风舞蹈演出季”等已初具规模。而在演出之外，吉祥大戏院也围绕着戏曲及传统文化举办了多种文化体验活动，如“吉祥雅韵”昆曲文化展（服饰展）、“梅韵兰质永留芳”梅派艺术展（画展）、为青少年戏曲普及提供舞台的“吉祥艺术课堂”等，累计达到30余场，使文化普及与商业开发创新

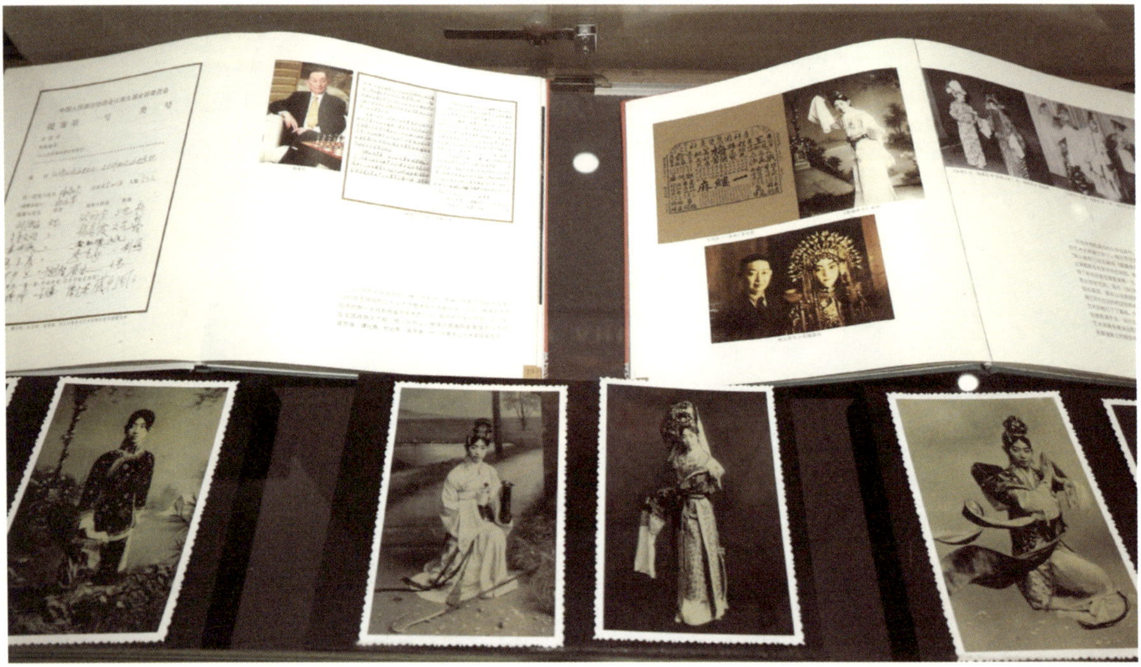

∧ 梅兰芳曾在吉祥大戏院演出

融合。

国家一级演员王亚彬的《青衣》已经走遍了世界各地。她希望在这里能够通过传统文化，讲述中国故事，也希望能借助这个舞台给观众带来耳目一新的演出。

一年来，百余场演出以及数十场活动接连举办，在收获老戏迷的同时，年轻观众占比可达一半，证明了这座百年老戏院的新生，而这只是吉祥大戏院新的起点。

隆福寺 “潮”向未来创意新生

提起隆福寺，人们会想到早市、庙会、东四人民市场……这里曾代表着繁华、热闹，对于大部分北京人来说，是一个时代的永恒记忆。有人说，隆福寺对于北京人来说，就像大雁塔之于西安人，隆福寺的地位可想而知。

隆福寺的历史悠久，始建于明景泰三年（1452年），当时是明朝最大的商业性庙会之一，是民间民俗庙会文化与宗教文化相融合的产物，规模宏大，香火旺盛。在历史的长河中，隆福寺的命运与两场大火分不开，但大火后截然不同的转变，使隆福寺几经沉浮。当繁华一时的隆福寺逐渐被人们遗忘的时候，一场轰轰烈烈的改造工程让它重新成为焦点。

2019年，隆福寺文创园项目一期工程7.5万平方米竣工。文创园成为一个融合城市书房、美术馆、艺术街区、共享办公等功能的全新文创生态空间，更成为北京城市更新、老城复兴的代表，文化体验消费的新地标。

由老厂房食堂改造而成的木木艺术社区，外表看起来是个颇具太空感的银色盒子，里面却是融美术展览、艺术影院、艺术衍生品商店、创意活动等于一体的综合空间。北京“最美书店”——更读书社，则是把文化资源和现代设备技术进行

∧ 隆福寺文创园项目一期工程

有效结合，打造了一个别具特色的新型阅读空间。

现在很多年轻人已经把隆福寺文创园作为每周必到的打卡地，因为这里有最新的艺术展览、最新潮的文化市集、最佳的美食餐厅，形成了一条龙服务的文化街

∧隆福寺更读书社

区。集“剧本杀+迷雾市集+国风打卡+电音音乐会”于一体的沉浸式互动娱乐体验活动，给隆福寺注入了动感和活力。

隆福寺，不仅描绘了一个老北京的兴衰故事，更是这座城

市历经风雨不断革新的缩影。夜晚时分，登上隆福大厦顶层俯瞰北京城，故宫和北京新高“中国尊”交相呼应，传统与现代在这里交融，这正是北京这座城市最有魅力的地方。

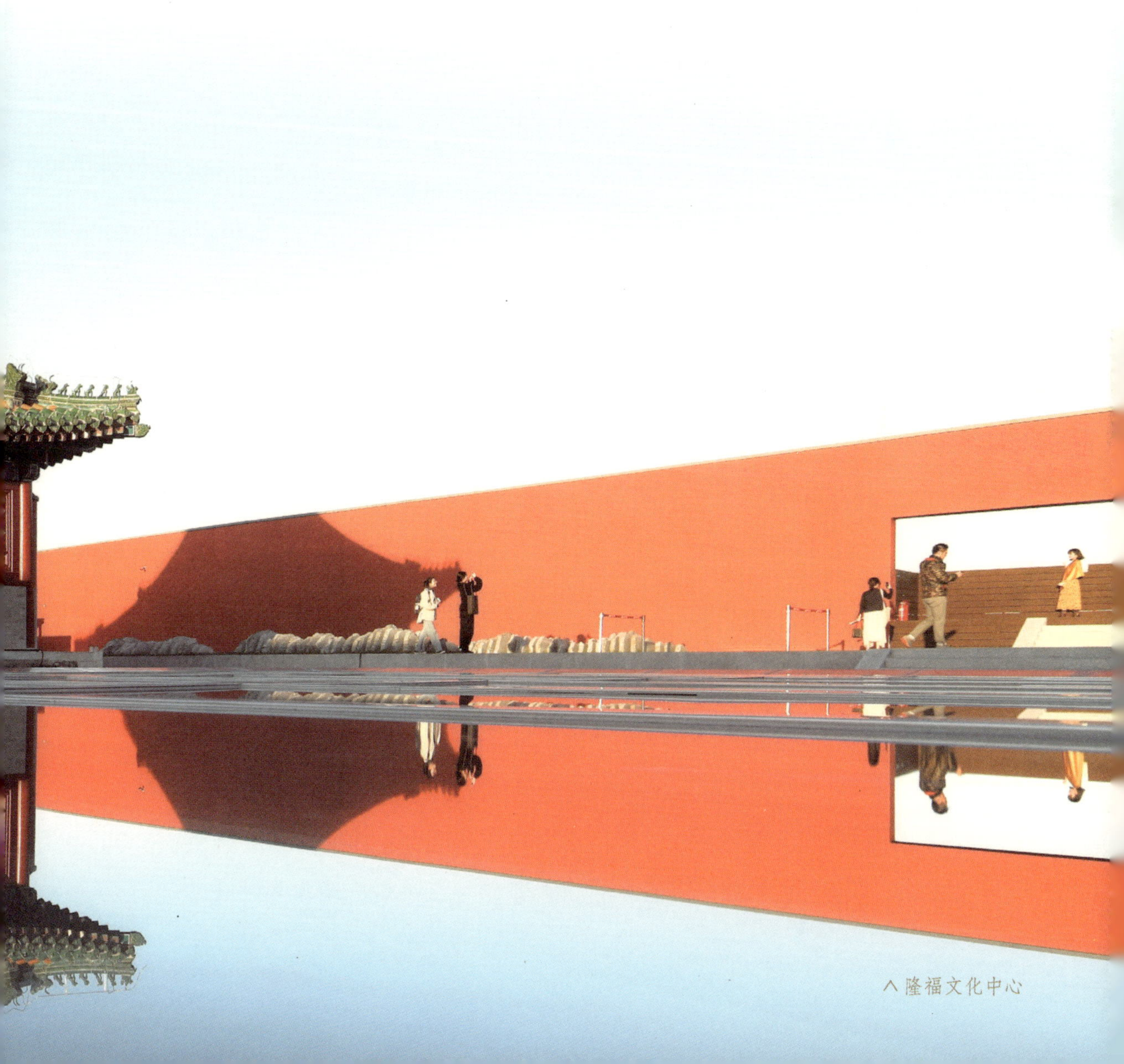

∧ 隆福文化中心

“故宫以东” 打造文商旅融合品牌

“巴黎左岸”“伦敦南岸”，这是法国、英国首都的区域文商旅品牌。中国首都北京，同样有一个响亮的品牌——“故宫以东”。这不仅仅是个地理概念，而是建立在书店、音乐厅、美术馆、博物馆、艺术中心、咖啡馆等文商旅融合产品体系之上的文化新地标。

故宫，这座有着600余年历史，令全世界游客心驰神往的宫殿，坐落在北京的中轴线上。故宫以东，是一片满载古都文化的区域，356处不可移动文物占据了北京市文物总数的1/3，故宫、天坛、大运河故道玉河段三大世界文化遗产均在此区域。其实，故宫的魅力，早已不局限于文物与历史。2018年以来，东城区借助故宫的超强文化IP辐射赋能，推出文旅品牌“故宫以东”，让古老故事与时尚潮流交融、对话，为故宫以东注入生机和活力。

“故宫以东”品牌与诺金作家酒吧推出联名中式下午茶，精致的多宝槅上摆放着豌豆黄、绿豆糕、杏仁冻、宫廷肉末小烧饼、炸鸭丝春卷等传统中式点心，改变了以往下午茶以西式糕点为主的模式。不仅仅是诺金作家酒吧，还联手丽晶酒店、金茂万丽酒店、王府半岛酒店等13家五星级酒店及品牌餐饮，共同推出“故宫以东”联名下午茶。传国宝玺、翠玉白菜、琉璃如意等造型元素，都出现在下午茶餐桌上，打开了酒店与文创结合的新市场，使消费者在品尝美味糕点的同时，还能领略艺术之美。

∧“故宫以东”下午茶

2022年，“故宫以东”推出共创计划，中国美术馆、北京人艺、嘉德艺术中心、王府中环、凯撒旅游等14家机构作为“共创合伙人”组成“故宫以东”文商旅联盟，为文化金三角塑造一流的文化场域。以IP新生态、新流量、新体验为主题，东城区将继续以“品牌活动＋沉浸式体验＋品质消费＋整合营销”的模式，串联和整合区域文化资源，推动区域文旅品牌全方位升级，持续发力文化旅游产业供给侧改革创新。同时，东城还

∧ 丽晶酒店“故宫以东”下午茶时间

将在已有品牌架构下，通过打造文商旅融合示范片区、构建异业联盟、建立“故宫以东”本地生活小程序等一系列举措，形成更多新的基础设施、新的场景应用、新的参与方式，真正让“促消费，保民生”落在实处，为首都高质量发展注入新活力新动能。

“故宫以东”是在文旅大融合背景下，巧借故宫的超强文化IP辐射赋能而形成的区域文化品牌，是整合区域文商旅资源，对塑造区域文旅品牌，打造首都文化地标与文旅目的地的积极探索和新鲜尝试。

嘉德看展　故宫文化资源共享

富有传奇色彩的“尚方宝剑”、乾隆御用“小神锋”、乾隆收藏的“顶级刀剑”、乾隆与老虎搏斗的“阿虎枪”、八旗盔甲、马鞍、马鞭、弓弩……150余件（套）武备文物集中亮相嘉德艺术中心。

嘉德艺术中心成立于2017年，汇集艺术展览、艺术品交易、艺术品仓储等多项功能，融艺术和商业于一体，以艺术展为引领构筑新型文化消费场域。2019年，嘉德艺术中心开始与故宫合作，每年都输出一个不同的小板块，借展故宫的文物。“崇威耀德——故宫博物院藏清代武备展”是嘉德与故宫博物院第四次携手合作。武备作为故宫博物院藏品中的重要门类，藏品数以万计，此次展览甄选了150余件（套）故宫珍藏的武备文物，以清代御制藏品为主，很多都是平时难得一见的宫廷珍贵文物。展览根据武备文物的不同用途，以“礼遇天地”“神锋握胜”“宝冶凝涛”三个单元呈现。

∧2022年“崇威耀德——故宫博物院藏清代武备展”

展厅内，各种精美的武备文物，使人眼花缭乱。当站在“阅武”二字下方，左右两边陈列着八旗盔甲，耳边慢慢响起低沉厚重的背景音乐，一种皇家的威严感扑面而来。有那么一瞬间，好像真的穿越到了清朝。

嘉德艺术中心用当代手法展现历史文物，不仅呈现了武备文物独特的艺术价值，同时也着力于讲述文物背后的历史发展脉络，为观者带来了沉浸式的观展体验，让观者能够在不同单元的场景中体会不一样的观展氛围，通过与场景的结合，知道它在过去发生了什么，怎么发生的，能做些什么。

同在文化金三角的故宫博物院与嘉德艺术中心，不断联手推出大展，这既是文物类展览在新时代、新技术背景下的深入探索，也是故宫文化外溢、文化金三角资源共享的具体表现。

文博艺术、戏剧演艺、传世非遗、书香致远，东城区的文化金三角汇聚中国顶级文化资源，打造优质文商旅场景，推动“文化+”产业融合发展，构建文化产业新链条。

第七章

创局励新

探访官: 宋洋洋（北京东城文化发展研究院副院长、中国人民大学创意产业技术研究院副院长）

探访感言: 作为一位经济领域的研究者，我见证了东城区在经济发展、产业开放上取得的新成效。东城区坚持做优做强主导产业，以文化为底色、以金融为引擎、以数字经济为引领，赋能服务业转型升级，培育新兴产业，推动产业融合协同发展。

从培育“首善金融生态圈”到数字视听、数字健康等数字经济在东城迅猛发展，从优化营商环境再升级、科技赋能新动力到产业园升级、树立文化新标杆等。十年来，东城区持续推动经济基本盘稳中加固、高质量发展，全面增强区域生产力，实现发展动力强劲、经济开创新局。

东城培育“首善金融生态圈”

金宝街，被称为“世界第11街区”，疏通了北京王府井、CBD、东二环、使馆区商务圈的脉络，汇集了北京内城最核心的商务、政务、外交资源。东二环，金融机构和世界500强工商巨头，棋布星陈，赋予北京城市地图新的生机。2021年，东城区金融业增加值突破千亿大关，金融业成为东城区第一大支柱产业。依托这样的优质资源禀赋，东城区以金宝街为横轴、东二环路为纵轴，打造连贯通达、共享互融的金融创新要素集聚区。

信达中心，位于东直门桥东北角，它的前身为国盛中心，是一个烂尾了多年的地产项目。该项目在2000年就开始建设，除了交通枢纽在2008年建成交付使用之外，其他项目经过了多次的开工、停工、复工，并在2012年全面停工。在政府的大力支持下，2019年底中国信达拿到项目复工许可证。于

∨ 信达中心双塔

∧ 信达中心

是，“沉睡”了多年的东直门国盛中心，终于赶上时机重见天日。2022年，更名后的信达中心，以59万平方米的体量亮相京城，成为北京内城规模最大、最具代表性的城市更新项目。

如今，东城已经把信达打造成一个新的地标性、品牌性项目。空中花园堪称一大设计亮点，发挥着柔性动线的作用，实现商业、办公、居住、商旅的四维共通。信达中心将进一步构筑超级TOD[①]生态圈和北京智慧综合体样本，促进金融资源聚集，打造金宝街高端金融集聚区域，从而在东二环布局金融业区域总部集聚带构建了“首善金融生态圈”。

近年来，东城区金融业综合实力显著增强。2021年，东城金融业实现增加值946.9亿元，同比增长7.7%，占全区GDP比重达29.7%，居各行业之首，占北京市金融业增加值比重达12.5%，位居全市第四。东城金融业态不断丰富，各类金融机构达1030家。

∧ 信达中心交通便利

① TOD就是以轨道交通站点为中心，10分钟步行路程以内，同时满足居住、工作、购物、娱乐、出行等需求的多功能社区。

禄米仓　构建数字视听产业园

国家“十四五”规划和2035年远景目标纲要提出“加快数字化发展　建设数字中国”，并就打造数字经济新优势、加快数字社会建设步伐、提高数字政府建设水平、营造良好数字生态做出战略部署。十年来，东城一直主动作为，为北京建设全球数字经济标杆城市贡献更多东城力量。古色古香的胡同当中，一座数字视听产业园正在悄然诞生。

北京禄米仓新视听产业园，位于东城区禄米仓胡同71号，建筑面积1.5万平方米。开发前的园区属于老旧低效楼宇，虽然地处首都核心地段，却仅用于零散出租。如今的北京禄米仓新视听产业园经过改造，拥有近500年历史的市级文物禄米仓、区级文物民国楼，以及近现代苏式建筑群，彰显出丰富的历史文脉与人文活力，成为“昔日建仓存禄米，今朝焕颜新视听”的产业聚集地。

园区围绕“北京全球视听产业中心建设”核心目标，以新视听数字内容制作产业链为核心，面向全媒体、多终端，基于5G、AI、云计算、区块链、大数据、VR/AR/XR、超高清、全息影像等新一代信息视听技术应用，构建“一中心两基地”，即北京新视听展示中心、全国新视听创意交流基地、新视听数字内容暨场景创新开发实验基地的新视听产业聚集空间载体，充分发挥首都数字经济先发优势，全面推进内容创新、技术创新、产业创新、业态创新，为全国视听产业创新融合发展提供持续动力。该项目已纳入北京市广电“十四五”规划重点项目、

∧ 禄米仓新视听产业园民国楼改造前后对比图

第八届北京市文化融合发展项目，并于2021年服贸会签约为东城区重点项目。未来，将以区级文物民国楼为核心，搭建集实验室成果转化、产业孵化与投资、产业展示与交流于一体的产业服务平台。

∧ 禄米仓新视听产业园民国楼视听厅

∧ 禄米仓新视听产业园民国楼视听厅里基于数字人的AI制作平台

以禄米仓产业园的建成运营为标志，东城区找到了数字科技领域里的一个重要发力点，把元宇宙的前后两端关键环节串联起来，把有别于其他地方的特色性、差异性、优势性突显出来。

智慧医疗 助力数字健康产业发展

随着全球加速迈进数字化发展快车道，传统的医疗卫生服务也在向着数字健康发展阶段迈进。推进与数字健康相关的基础建设，成为东城区的发力点。

从2015年开始，阿里健康逐步进入互联网医疗领域。智慧医疗、数字医疗，意味着消费者用手机就可以挂号问诊、买药。线下药房对于阿里健康来说，是给老百姓提供实时、更高效用药服务的有益补充。

2021年3月，阿里健康北京首个实体店落户东城区，助力东城区健康+科技服务业的发展。东城区对阿里健康的落户提供了很多支持和帮助，以及相关政策指导。

阿里健康的线下药房和传统的线下药房的区别是可以提供冷链服务，把需要冷藏的药品，通过专业人员配送到消费者手中。

不仅如此，东城区率先试点“智慧健康处方”，其“智慧”之处，就是可以针对居民不同情况个性化“下单”，为居民开

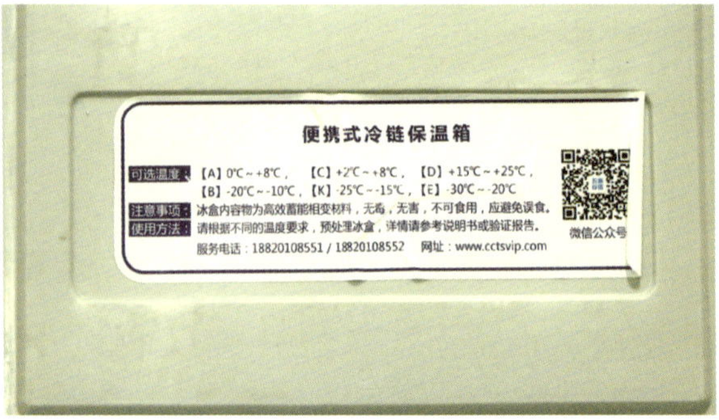

∧ 阿里健康大药房

< 便携式冷链保温箱

出覆盖营养膳食、心理减压、健康运动等8个维度的健康处方，让居民晚得病、少得病或者不得病，提高生活质量，延长健康寿命。据介绍，目前智慧健康处方系统已经涵盖100种常见病，包括糖尿病、高血压病、冠心病、脑卒中、骨关节病、失眠、抑郁、偏头痛、慢性胃炎等，覆盖了社区医疗机构中70%以上的人群。今后，智慧健康处方系统还将不断完善，最终将纳入200个社区慢性病、常见病种的健康处方。

在发展数字健康领域的同时，东城区不断创新“中医药+

互联网”模式，以同仁堂中医医院为依托，打造同仁堂互联网医疗品牌。东城区还打造“国际数字健康应用创新中心”，推动中医药科技成果转化平台落地，打造独具特色的“杏巷”。

紫金计划　优化营商再升级

十年来，东城区不断提升优化营商环境，首创“紫金服务”，打通政府与企业的“最后一公里”，让企业在东城发展当中有更多的幸福感和获得感，提升产业活力。

2019年，东城区推出“紫金服务”品牌，成立“紫金服务管家团”，坚持“对象全覆盖、支持全过程、政策全方位、响应全天候”的“四全”服务标准，不断优化企业营商环境，为企业纾困解难。2020年，为帮助企业摆脱“疫情”困境，东城区进一步强化“紫金服务”，建立“紫金驻企专员”制度，为区内重点企业和成长性好的中小微企业安排“驻企专员”，为企业“一对一、面对面、点对点”排忧解难，当好“宣传员”和“服务员”，打通政策落地的“最后一米”。

“紫金服务管家团”每年为1100家重点企业做好“四全”定制服务，联系服务企业2.4万户次，收集解决需求4900余项。首创“紫金驻企专员”制度，32名专员服务辐射企业947家，解决需求1210项，实现“服务送上门”。开展“紫金”系列活动，定期召开优化营商环境大会，组织“紫金超市”活动1400余次，为企业搭建全方位、多层次、常态化的促发展平台，切实为企业解决困难、提供助力、注入新的活力。

2022年，东城在“紫金服务”的基础上，打造全新的“紫金计划”，推出“紫金服务”3.0版。升级版有三方面主要内容：一是推出紫金服务驿站，整合辖区内角楼图书馆、紫金

∧ 东城区航星园

城市书院、美后肆时、南锣书店等特色文化空间及17个街道党群服务中心等空间资源，为企业交流洽谈、商务对接等提供免费空间支持，搭建多层次的政企、企企沟通交流桥梁；二是倡议发起紫金企业家沙龙，为优化营商环境建言献策，当好招优引强的桥梁和纽带，带动产业链上下游企业联动发展，凝聚园区运营机构、金融服务机构、法律服务机构、科

技支撑机构、行业龙头企业等社会力量共建共治；三是不断推动形成“紫金服务”新生态，构建由“紫金服务管家团”、“紫金驻企专员”、紫金服务驿站、营商环境特邀监督员、紫金企业家沙龙等要素支撑的全方位服务体系，营造“需求有回应、服务有代办、政企有互动、企企有合作”的营商环境氛围，让企业享受到东城更多、更快、更优、更贴心的服务，为区域经济发展提供助力。

蘑菇车联，是一家诞生于东城区，致力于攻关网络关键

∧ 蘑菇车联

技术，并拥有自主知识产权的科技公司。它的一个特色就是新建了智慧化的设备，可以把远方的信息和数据，通过车路协同的传导实时发送到车上。公司的成立得到了东城区大力扶持，不仅给予支持，还给予产业发展上的一些建议，同时

∧ 蘑菇车联

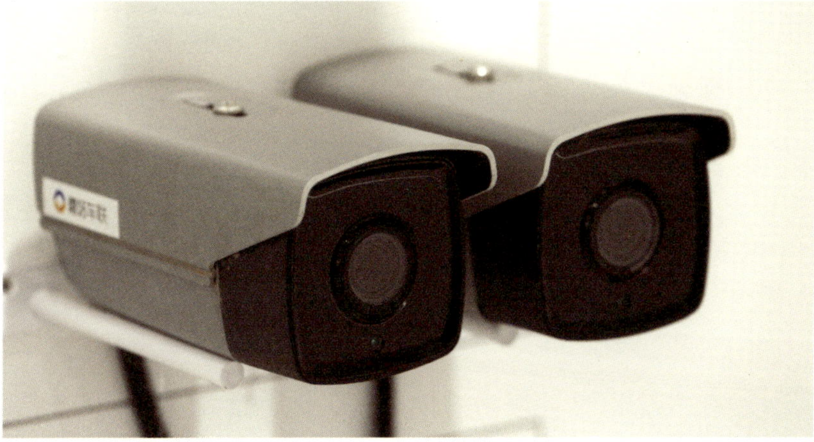

∧ 路测的智慧化设备

帮助解决了企业发展过程中的诸多问题。

截至2021年底，中关村东城园拥有规模以上高新技术企业259家，比上年增长15.6%，全年累计实现总收入2651.5亿元。东城区制定的相关政策，着眼中长期产业高质量发展，坚持产业化思维，着重考量企业科技含量和成长性，做到既“扶大”又“育小”，构建“紫金服务”新生态，持续优化营商环境。未来东城区预计每年向企业兑现扶持资金4000万元，科技创新型成长型企业服务能力和服务水平将会显著提升，扎实推动东城区经济高质量发展。

高质量发展文化产业　助力企业上市出海

十年来，东城区坚持创新驱动、外向融合，产业开放取得新成效。

2021年，东城区规模以上文化及相关产业实现收入1436.3亿元，同比增长11.9%。中国出版集团、保利文化等5家驻区企业多次当选“全国文化企业30强”，入选总数在北京各区中居首位，文化产业规模和增速在全市保持前列，文化产业地均产出全市第一。同年，东城区获评第二批国家文化出口基地，文化产品和服务贸易规模不断扩大，文化进出口额超过51971.74万美元。

2022年9月13日，国家文化与金融合作示范区服务中心在雪莲·亮点东四文创园正式揭牌。建设面向全国的综合性文化金融服务平台，实现文化企业股权融资和财政支持资金等项目的有效对接，这也成为东城区推动文化金融进一步创新发展的

∧ 雪莲·亮点文创园外景

∧ 国家文化与金融合作示范区雍和文创支行

重要契机。

北京奥哲维文化传播有限公司主要是通过高清影像的方式，把世界上最优秀的舞台作品，包括话剧、音乐剧等，引进国内来放映，此外还做了很多中华文化“走出去”的工作。公司成立之初，东城区政府以及示范区服务中心，都给予了很多扶持和帮助，特别是在服贸会上，示范区服务中心为他们提供了一个非常好的展示平台。

扎根于东城区的示范区服务中心，不仅为企业提供政策信息服务，还全面研发文化金融产品，培育文化金融人才，提供企业孵化服务，助推企业做大做强。

“试玩互动”是扎根于东城区的一家致力于文化出口、产业出海的公司，专注帮中国的企业出海，帮它们提供出海的数字化营销服务，银行专门提供了约1000万元优惠的授信额度，为企业发展提供了保障。

截止到目前，示范区服务中心服务600多家企业，未来计划每年不低于1000家企业，培育文化科技类企业上市。东城区高标准创建国家文化与金融合作示范区，在增加文化产业金融供给的同时，创新建设文化信贷对接服务体系，形成可复制、可推广的文化金融“东城样本”。

第八章

东城社工

探访官： 梁萍（东城区金牌“小巷管家”、社区工作者）

探访感言： 我是东城区最早的“小巷管家”，见证了十年来东城区17个街道168个社区发生的可喜变化，也见证了东城区新时代社会治理的又一创新品牌“东城社工”如何服务百姓，深入人心。东城区2010年就成为全国及北京市社会管理创新综合试点区，十年来，坚持创新公众参与社区治理的东城机制，启动社区社会组织孵化培育工程，建成社区协商共治体系，形成了具有东城特色的社区治理实践经验与发展模式。

东城区作为首都功能核心区，十年来，不断深化基层社会治理新格局，加快推进市域社会治理现代化，形成了具有东城特色的社区治理实践经验与发展模式。

社区自治　打造基层治理新引擎

社区是居民生活休憩的家园，是社会治理的最基本单元，承载着人民群众对美好生活的期盼和梦想。围绕更好解决群众最关心的问题、满足群众利益诉求，东城区坚持党建引领，创新机制，开展基层社区自治，不断探索服务居民、社区管理的方式和方法。

大江社区位于前门街道北芦草园胡同内，占地面积0.6平方公里，辖区内共有28条胡同，372个院落4269户居民。这里的每一个角落，每一户人家，社区工作者全都了然于心。李文生，自2015年担任大江社区党委书记以来，结合拆迁滞留区的特点，对社区的服务内容进行了创新。他带领社区推出了“双四”工作机制，包括“四项服务内容”和“四个服务日”。其中，“四项服务内容”即午间办公、预约服务、举报有奖、接诉即动；“四个服务日”即每月5号是惠民日，每月12号是文体风采日，每月19号是胡同安全日，最后一个周末的星期五是党员先锋日。

“双四”工作机制，贴心又周到的服务把辖区居民凝聚成一个大家庭。社区居民团结起来，一起动手整治社区环境。经过几年的努力，大江社区的变化非常大，昔日的脏乱差被干净整洁的环境所代替，居民的幸福感迅速提升。这都离不开大江社区全体社工把社区当家，一心为居民办实事的干劲。社区居民李平湖夸赞说：“2015 年以前，我们这儿烧煤，同时发生很多问题，比如说煤气中毒，运煤都是个事。后来我们这儿赶上煤改电了，在社区的带领下，用了两个月的时间，我们都进行了煤改电。”社区居民王增杰说：“大江社区建立了

∧ 大江社区服务日活动

^ 大江社区社工为居民修车

^ 大江社区社工为居民理发

20多个居民群，大事小事都从群里反映，一反映就能得到解决，居民特别满意。”

2018年，大江社区书记工作室成立，这是全市首批50家市级社区书记工作室之一。工作室着眼社区党务工作者队伍能力建设，充分发挥优秀社区书记的传帮带作用，传授“五个明确”“七步法”等工作理念和工作方法。工作室逐渐成为社区工作者的“培训地”、社区党建工作的“智囊团”、社区疑难问题的“会诊所”。在李文生的带领下，大江社区为百姓办了不少实事。

为进一步加强社工队伍建设，提升社区党建工作水平，东城区在全区17个街道建成46个以优秀社区党委书记命名的工作室，由3000多名社区工作者和2000多名社区工作专业人

∧ 大江社区举办周末大扫除活动

才以及党员志愿者构成了一支过硬的社区治理基层队伍——“东城社工”。东城区创立了完整的治理体系，摸索出了一整套先进的治理经验，创建了7个市级社区议事厅示范点、21个市级楼宇治理示范点，建设了63个“社区之家”，创造了一系列基层群众自治品牌，成为引领基层治理水平提升的新引擎。

专业社工　提供精准助老服务

作为全国和北京市社会管理创新综合试点区，东城区以“多元参与”为核心的现代社区治理结构为支撑，经过多年专业培训和督导，东城区涌现出了一批能够熟练运用“专业方法”开展社区工作的本土社区工作专业人才，专业工作方法也成为了“东城社工”手中的又一法宝。

随着老龄化社会的到来，人们越来越关注养老助老问题。许多老年人，因为独居、空巢、年龄大、失能等，需要社工为他们提供各种帮助。在朝阳门街道，这里的社工通过专业的知识技能，和老年人结成帮扶对子，提供点对点的精准助老服务。

范喜良是朝阳门街道困服所（困难群众救助服务所）的一名“东城社工”，首届东城最美养老人之一，擅长为老服务、老人心理健康与疏导。社区内有一位身体瘫痪将近50年的老人，家里没有儿女照料，听说王府井开了一个和平菓局，她便想去那里逛一逛。为了满足老人这一个小小的心愿，确保老人

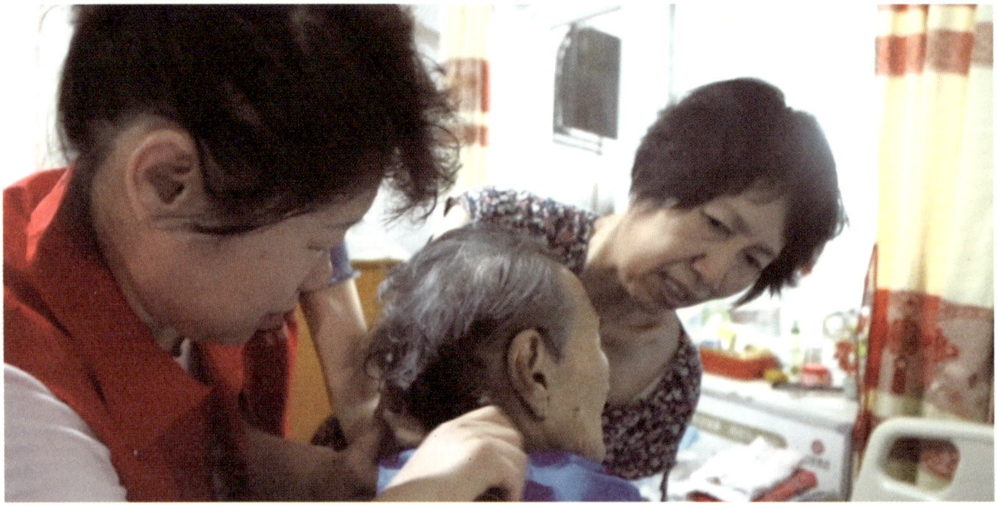

∧“东城社工”为老人提供上门理发服务

∧“东城社工”了解居民服务需求

出行安全，范喜良提前去王府井熟悉路线，并进行了详细规划，为老人制订一对一的服务方案，特别是针对老人行动不便的情况做了很多工作，比如老人出行的路线怎么走，采取什么

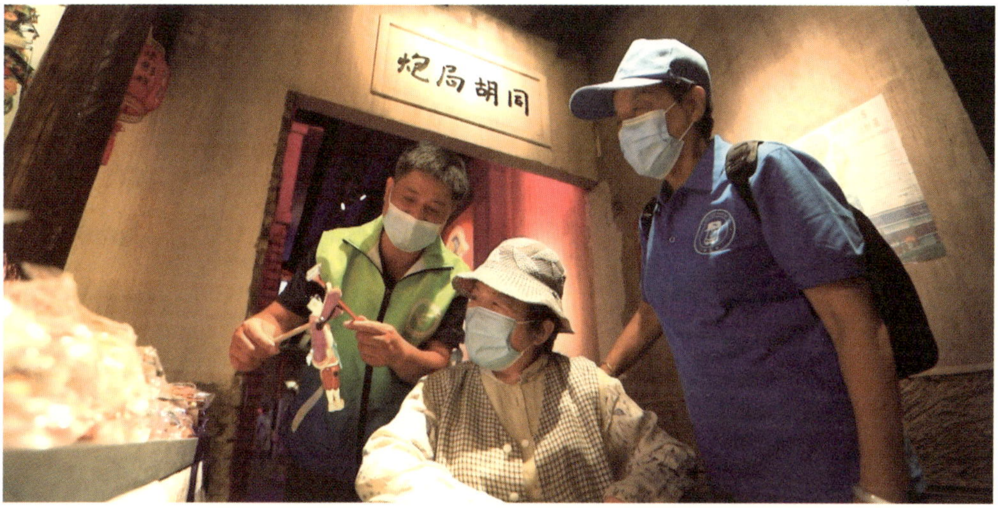

∧“东城社工”为辖区老人提供定制服务

∧“东城社工”为老人提供服务

方式去，中间有什么特殊的情况发生，一般都要做一到两套方案。在他精心帮助下，老人顺利地实现了愿望。

为老人服务不仅需要专业的知识，还要有更大的耐心、包容心。只有接受和理解老人，才能更好地为老人服务。范喜良为老人提供的精准助老服务，赢得了社区居民的一致好评。在东城，一批批像范喜良这样的“东城社工”，在平凡的岗位上，用爱心、真情，更用专业知识为老年人服务，书写着为老服务行业的动人篇章。

专场话剧　新渠道帮扶困境儿童

2021年10月，“党史践行　传承红色经典　赓续红色血脉”困境家庭儿童《湘江1934》专场话剧演出在东城区雷剧场拉开帷幕，这是“东城社工”通过新渠道、新形式帮扶困境儿童的一项创举。

《湘江1934》再现了湘江战役这场惨烈的战斗，展现了红军战士不畏艰险、不怕牺牲、英勇奋战的坚定意志与信仰。东华门街道困服所，从2018年开始，做了很多个案，发现孩子们有需求、有梦想，迫切需要提升素质教育水平。这不仅链接了辖区各种相关的资源，还能够给孩子们搭建一个舞台，提供专业的导演、舞美、道具，让孩子们在不管是戏剧舞台上还是

∧《湘江 1934》专场话剧演出

人生舞台上，能够演绎自己的精彩人生。他们与有关艺术团联系，邀请艺术团的演员来做导演，组织孩子们进行了认真细致的学习和排练，使话剧成功上演。

孩子们的表演特别投入认真，深深地打动了在场观众，大家眼含热泪，仿佛看到了湘江边战士们浴血奋战、坚强不屈的身影，更加体会到今天的幸福生活多么来之不易！“东城社工”通过专业的服务，不仅为老年人，还为孩子们圆了梦。

十年来，东城区积极搭建综合性服务平台，以街道为单位，以困难群众救助服务所为主体，采取政府购买服务的形

∧ 东城区朝阳门街道启动区域养老服务联合体

式，把专业的社工服务送到困难群众身边，用“有温度”的举措和“暖民心”的行动，纾民困、解民忧，不断提升困难群众的幸福感和获得感。

多元社区　社会组织孵化培育

群众广泛参与才能激活社区治理“一池春水”。东城区通过构筑区、街、社区三级平台体系，推进政府购买服务，开展公益创投等举措，形成了全区上下共同发展社区社会组织的良好局面，进一步夯实了多元参与社区治理的根基。

在朝阳门街道，每个商铺门口都有这样的标识——“浓情暖域、敬老服务”，这是区域养老服务联合体站点的标识。中国农业银行东城支行作为站点之一，为老年人专门设立了爱心便民服务驿站，提供不同度数的老花镜、各种紧急用药和血压仪，还有方便实用的便民箱，里边有放大镜等方便老年人的工具。银行还专门为老年人设立了一个反诈的教育服务区，发放老年人版的宣传手册，为老年人介绍反诈骗的知识。

2017年，“养老区域共同体”的概念在朝阳门街道诞生。2018年10月，东城区朝阳门街道“区域养老服务联合体”正式揭牌，这是全市首个区域养老服务联合体。联合体为老人

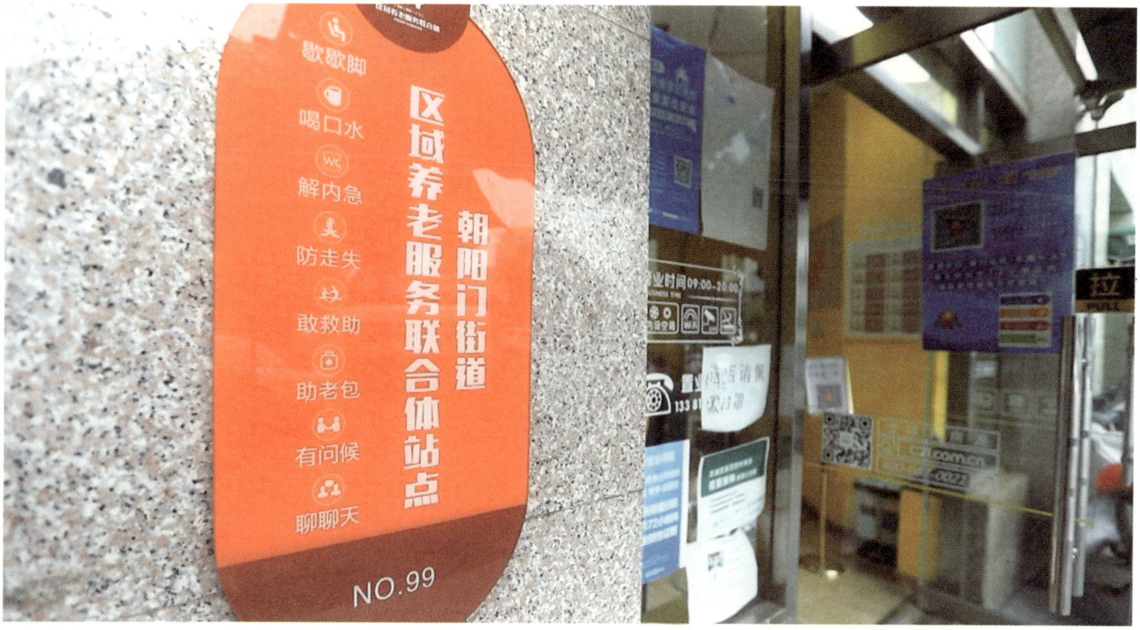

∧ 东城区多家商铺参与朝阳门街道区域养老服务联合体

们提供歇歇脚、喝口水、解内急、防走失、助老包、有问候、聊聊天等各种暖心服务。五年来，联合体内的商家、企业从辖区内扩展到辖区外，从100多家增加到现在的228家。

随着联合体项目的不断完善和丰富，东城的养老服务也越来越精细化。其中，“微心愿”活动已成为联合体中一个闪亮的

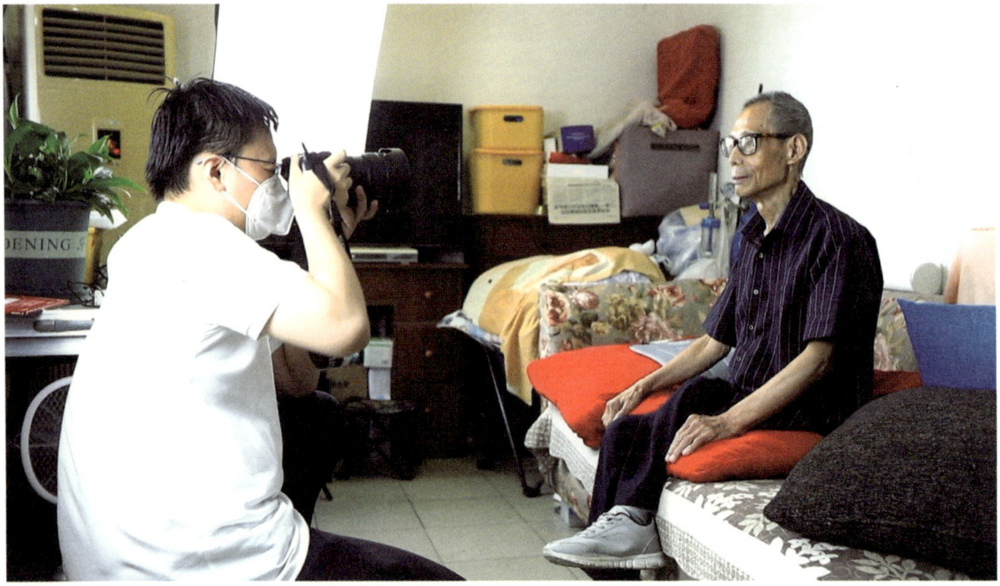

∧ 东城区朝阳门街道区域养老服务联合体为老人上门拍照

< 东城区推出“微心愿”养老服务

∧ 常态化公益项目——“一个观众的剧场”

品牌项目。高宇是一家照相馆的摄影师，他的公司在2019年加入了朝阳门街道区域养老服务联合体。当他们得知老人想拍照的心愿后，比如像老人金婚或者行动不便，会上门免费给老人拍照。这些年来，他们已经为十几位老人提供免费上门拍照服务，完成老人心愿。

朝阳门街道还联系了青少年志愿者，上门为空巢、孤寡、独居老人表演节目，推出常态化公益项目——“一个观众的剧场”，给老人们送去精神关怀服务。

十年来，东城区在丰富和发展就近精准养老服务体系方面持续发力。到2022年底，将实现全区17个街道区域养老服务联合体的建立，打造东城版“聚融式”为老服务新模式，“东城社工”将用双手创建一个个老年友好型社区。

∧ 小演员表演后与老人合影

∧ 东城区打造“聚融式”为老服务新模式

抗疫当先 “东城社工”守住社区防线

在东城区41.84平方公里的土地上，以3500名基层社区工作者为代表的广大社工群体奋战在社会建设的最前沿，他们始终把社区和谐、居民幸福这一责任扛在肩上，开拓进取。在疫情防控期间，“东城社工”发挥自身优势创造性地开展工作，化身为“安检员”“守门员”“程序员”“翻译官”，留下了一个个

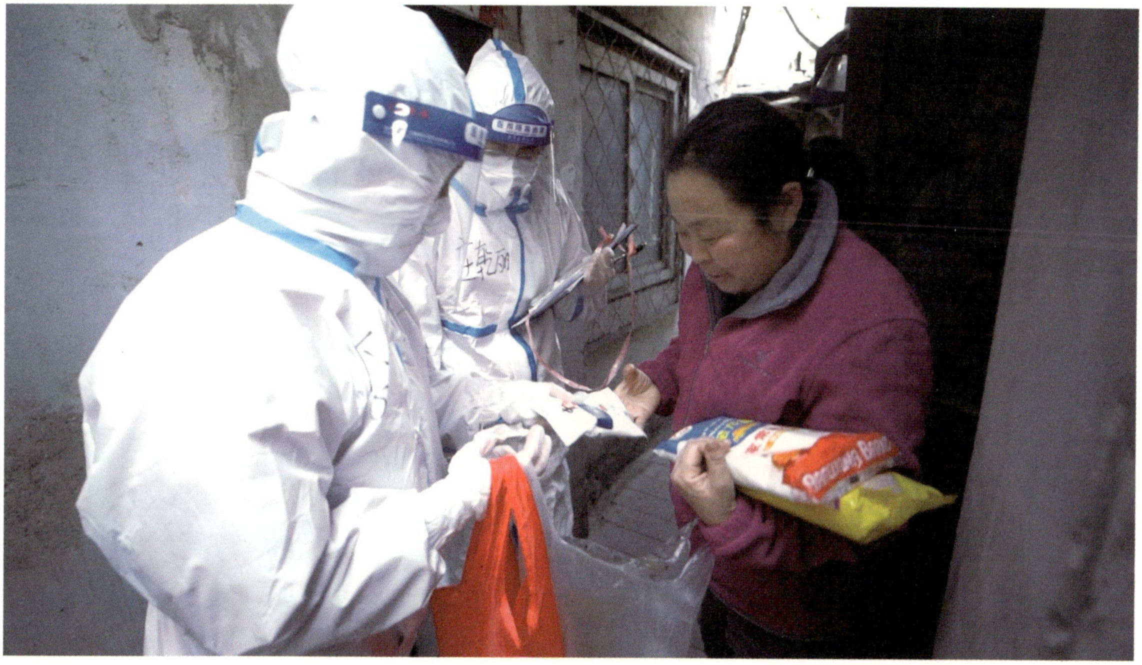

∧ 封控期间“东城社工”为居民送物资

暖心的抗疫故事。

2022年3月19日，安定门街道花园东巷发现新冠肺炎病毒感染者1例，按照防控要求，需要对封控区的9个院落及管控区的18个院落进行管理。接到通知后，全体社工第一时间到岗投入工作。封控管理期间，花园社区13名社工一直坚守在封控区口，对居民需求都在第一时间给予帮助和反馈。封控区有一位王阿姨，跟管片主任联系说自己肠胃炎的老毛病又犯了。病情紧急，接到通知后，社工们不顾个人安危，立即入户了解她的情况，并将相关情况上报区卫健委，协调北京市第六医院提

∧ 东城区基层治理创新品牌“东城社工”

供全流程闭环就诊服务。3个多小时后，王阿姨成功得到救治，社工们又闭环将她送到家门口。

社工们辛勤的努力，向社会各界传递了党和政府的温暖，赢得了居民们的广泛好评和支持，筑起了疫情防控的钢铁长城。

十年砥砺前行，十载春华秋实。东城区聚焦“合力”“聚民”两条主线，形成了“小巷管家”、“小院议事厅”、“五民”工作法等一批基层群众自治品牌。2021年9月23日，“东城社工”标志和“东城社工 幸福万家”口号正式发布，这也对基层社会治理最前沿的社区工作者队伍建设提出了更高的标准和要求。东城基层治理创新，大大提升了本地居民的获得感、幸福感、安全感，也为全市基层治理创新积累了鲜活经验。

第九章

宜居福地

探访官： 董城（光明日报社记者）

探访感言： 我是土生土长的东城人。作为一名记者，我重点走访了东城的教育、医疗、健康等民众关心的民生问题，以记者视角记录下东城区心为民所想、情为民所系，勇于创新探索，踏实为民办实事。东城区在民生建设中的前进步伐，印证了首都高质量发展的成果，真正做到了全民共享。

十年来，东城区始终把为人民创造美好生活作为一切工作的落脚点，立足民本、关切民生，紧扣“七有”“五性”，不断增进民生福祉，实现人民生活幸福安宁、社会和谐共融。

教育改革　办好家门口的学校

百年大计，教育为本。十年来，东城区在教育领域锐意改革，着力推动优质教育资源均衡发展，扩大优质教育资源的覆

∧东城区少年暑期普法夏令营

∧ 广渠门中学老师到花市小学授课

盖面；同时让更多孩子在家门口“上好学”，东城的教育发展在不断地走深走实。

十年前，各个学校都是关起门来办学，好的教育资源只留给本校的学生，资源没有优势的学校面临着生源大量流失的困境。广渠门中学率先进行教育资源均衡的探索，2012年与龙潭中学深度联盟，2014年又把花市小学纳入教育集团，推出九年一贯制教学模式，花市小学学生可以直升广渠门中学。广渠门中学九年一贯制项目启动，第一件事就是让中学

∧广渠门中学推出九年一贯制教学模式

的老师和管理团队下沉到小学。另外就是实现课程的贯通，从最初的校外活动、科技、艺术、体育课程先到小学去，到现在的语文、数学、英语课程全都贯通起来，实际上就是特别强调孩子的成长应该是一个长链条。

广渠门中学的集团化改革，很快扭转了花市小学的困境，赢得了学生家长的信任。改革后好多家长说，孩子进入花市小学这9年就踏实了。

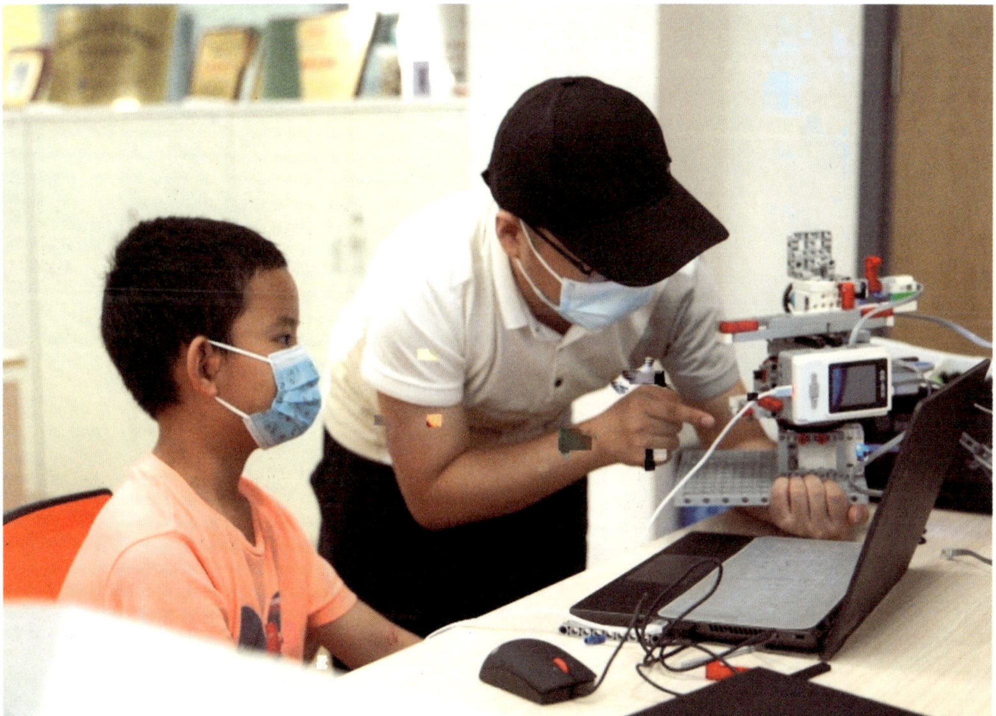

∧广渠门中学机器人社团正在活动

教师轮岗　教育改革“组合拳”

东城区是全国推进义务教育均衡发展工作的先进地区。十年间，为了向“更好更公平”的中国式教育发力迈进，东城区打出了一系列教育改革的“组合拳”。

∧ 教师轮岗授课

2021年8月，北京市教委宣布将大面积、大比例推进干部教师交流轮岗，东城区、密云区为第一批两个试点区。校长教师轮岗，目的是让优质资源流动起来，使教育更为均衡。老师走上新讲台，学生迎来新面孔。教师轮岗目的在于推动教育资源均衡化发展，绝不是拆了东墙补西墙、挖了优秀的去填坑。

“双减”政策实施以后，北京启动的教师轮岗与以往的轮岗意义稍显不同，此次大规模教师轮岗被寄予了教育优质均衡发展的厚望。2021年11月，一七一中学附属青年湖小学迎来

∧花市小学强化体育教学一体化

了来自地坛小学和安外三条小学的10位外校轮岗教师，同时该校也有10名老师到这两所学校轮岗。组团式交流轮岗成为新亮点。

东城区在协调教育“软实力”流动起来的同时，也注重教育的硬件硬核发展。作为全国首批智慧教育示范区，东城区大胆引入前沿数字科技，让“互联网+”深度融入教学。科技的加入让课堂冲破了空间的限制，为更多学生提供精准化、个性化、多样化的教育服务，尤其是在新冠肺炎疫情期间，智慧教室成为连接老师和孩子的重要载体。

∧ 东城区创建全国首批智慧教育示范区

∧ 东城区积极推进“互联网+”教学

∧ 北京一七一中学教育集团推进教师轮岗

十年来，东城区以人民为中心发展教育的初心始终未变，始终把教育摆在优先发展的战略地位，派出优秀干部及骨干教师在全区交流，实现校际、学区间优质教育资源全覆盖，培根铸魂，立德树人。

东城杏巷　中医药服务大众

中医药，在东城有着深厚的历史底蕴。作为首批国家中医药发展综合改革试验区，十年来，东城区加快推进“中医药文

∧ 2022年中国国际服务贸易交易会新时代中医药高质量发展大会开幕

化之城”的建设，致力于用中医药服务大众，让中医药文化浸润人们的生活，已初步形成东城特色的中医药发展模式。在东城区，每一位居民都能感受到中医药发展带来的好处。

2022年9月，作为服贸会东城交易团的重要举措，东城区召开新时代中医药高质量发展大会，发布30个中医药科技成果，多项科技成果转化项目完成签约。东城区还发布了《关于促进中医药传承创新发展的实施方案（2022—2025年）》，为

∧ 北京市鼓楼中医医院

进一步推动东城区中医药高质量发展描绘了蓝图，从提升东城区中医药健康服务能力、加快中医药健康产业创新融合发展、促进中医药传承创新和人才培养、推动中医药文化与健康旅游发展等方面明确了24项任务。借着国家大力发展中医药的东风，东城区将重点推动中医药产业发展，打造东城区杏巷工程，使中医药研究与消费热点深度结合，促进中医药科技成果转化并走向社会服务大众。

∧ 鼓楼中医医院楼顶的本草疗愈园

位于豆腐池胡同13号的北京市鼓楼中医医院（首都医科大学附属鼓楼中医医院），始建于1951年，是一所集医疗、预防、保健、康复、教学、科研等多功能于一体的三级中医医院，是国家中医药发展综合改革试验区建设示范基地。医院很多治疗方法是非常传统的，办院理念却很先进。医院追求有品质的医疗服务，把中医药文化和园艺文化结合在一起，患者来看病的时候，对身心也是一种疗养，能够体会到这里跟别的医

∧ 东城区打造首家中医药养生文化主题公园——地坛中医药养生文化园

院不一样。

东城还打造了我国首家以中医药养生文化为主题的公园——地坛中医药养生文化园。它位于历史悠久的皇家园林地坛公园内，占地面积约2.5公顷，园内有各类树木3000多株，还有近百种中草药和可入药的植物。东城区开创性地在中小学开展“中医药文化进校园”工程，传承中医药文化瑰宝。

∧ 东城区开展“中医药文化进校园”工程

医养结合　家庭医生构筑健康网格

东城区作为第一批国家级医养结合试点区，不断完善医养结合服务体系，以百姓“看得见、摸得着、感受得到”为标准，推动医养结合服务向社区延伸。东城区的医疗卫生事业将各级医院联合在一起，共同为老百姓的健康服务。

东城区优化医疗资源配置，先后获评国家医联体建设试点区和北京市健康联合体建设试点区。东城建立起“基层首诊、双向转诊、急慢分治、上下联动”的分级诊疗模式，将医院医疗技术设备资源优势延伸到社区卫生服务中心，让老百姓在家门口就享有“协和品质”的就诊便利，逐步实现“首诊在社区、康复在社区”。

社区卫生服务中心以家庭为单位，主动为辖区的居民提供暖心服务，既方便又实惠；对于长期卧床或行动不便的老年人，医生坚持上门服务，社区居民也渐渐习惯到社区卫生服务中心看病，像上门测血糖、血压、血氧这些小检查，基本不用去三甲医院，对于居民来说十分方便。

东城区通过医联体协议，让越来越多的东城人在家门口也能享受到三甲医院的优质服务。十年间，东城区建成医联体12

个，重点人群的家庭医生签约率达100%。全区238支家庭医生服务团队与168个社区居委会无缝对接，构建覆盖全区的社区+家庭医生+居民的健康网格。

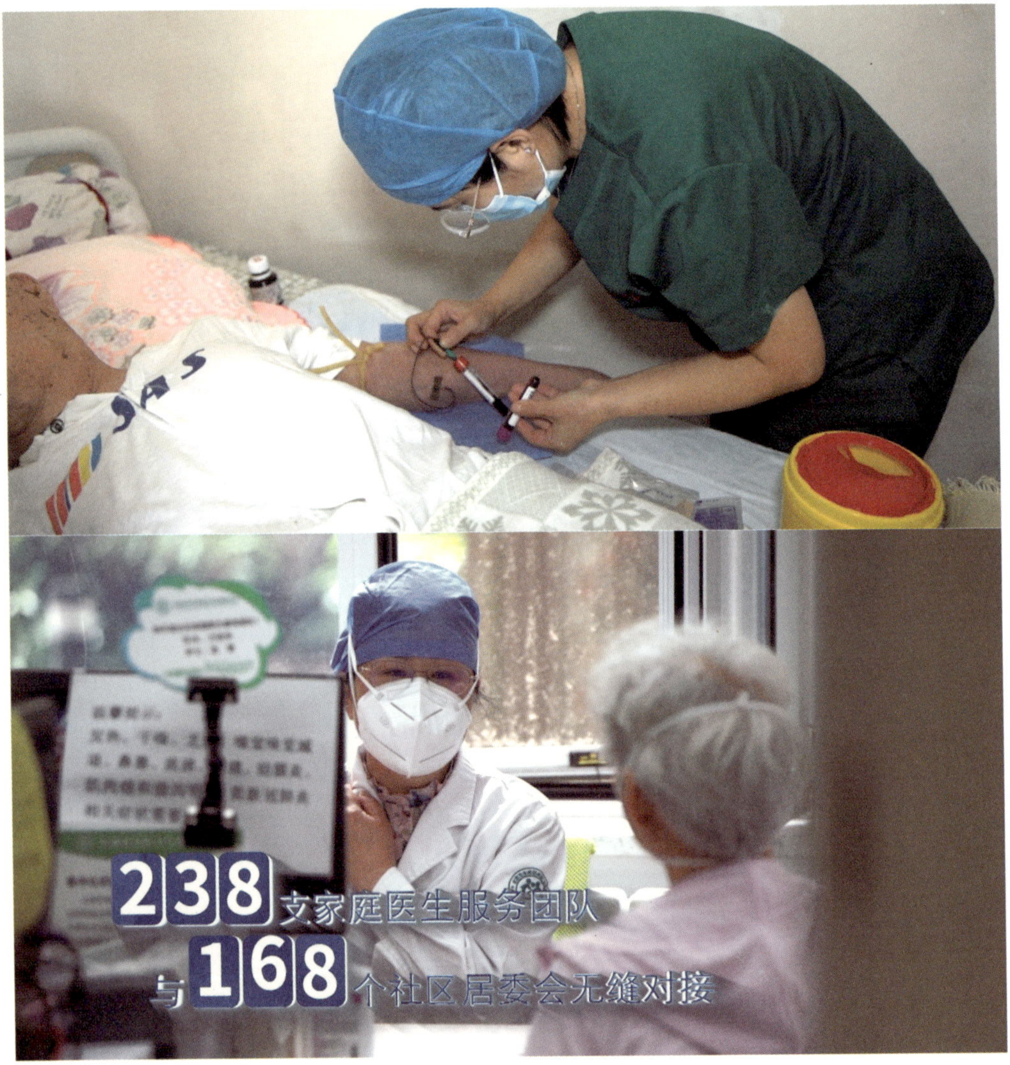

∧ 东城区和平里社区卫生服务中心中街站医生和护士为居民诊疗

15分钟健身圈　带动全民运动

人民身体健康是全面建成小康社会的重要内涵，党的十八大以来，全民健身上升到国家战略的新高度。2018年，东城区被评为“全国健康城市建设示范市”，健康指标评价列全国首位。在此基础上，东城区创建国家全民运动健身模范区，不仅健康网格覆盖全区，各街道社区也利用“疏整促”腾退场地、城市绿地、口袋公园，建设全民健身设施，完善“15分钟健身

∧ 东城区体育馆路街道在龙潭西湖公园举办环湖亲子赛

圈”，实现了社区覆盖率100%。

体育馆路街道，新中国成立后建的第一个体育馆就在这。在龙潭西湖公园，一场热热闹闹的趣味环湖亲子赛，拉开了体育馆路街道第十三届体育文化节的序幕。2010年，体育馆路街道举办了第一届社区体育文化节，设置了足球射门、拔河比赛、民兵乒乓球赛等10个比赛项目。为了吸引不同年龄段的居民参与进来，第三届的时候增加了夹豆子比赛，第五届时就有

∧ 居民在龙潭西湖公园健身

了亲子趣味运动会。街道经常举办社区居民体育活动，大家见面在一块儿运动，有事情好商量，能解决很多问题。体育活动在社区基层治理中也发挥着非常大的作用。

让居民用健康方式拥抱生活，东城区在创建国家全民运动健身模范区的道路上不断补齐民生短板，持续大力推进全民健身场地设施建设，完善“15分钟健身圈”，增加全民健身设施供给，满足群众多层次体育健身需求。同时，东城盘活存量资

∧东城区体育馆路街道四块玉社区足球队在训练

源，推动智慧体育设施建设，让健身群众享受手机“一键式”服务；唤醒城市空间的“金边银角”，让闲置土地摇身一变，成为市民家门口的运动乐园。东城区新建改造51片百姓身边的健身场地，打造青年湖、龙潭中湖两座体育公园，完善100条健走步道标识建设。2022年，伴随着北京成为“双奥之城”，东四街道迎来了“双奥社区”的落地。体育文化正以健康快乐的方式，改变着人们的生活。

∧ 东城区将闲置区域改建成居民运动场所

多年来，东城区竞技体育工作也硕果累累，先后培养输送了7位奥运冠军，共获得14枚奥运金牌。在北京市第十六届运动会上，东城区代表团共获得205枚金牌，列金牌榜第二位。同时，东城区创建了两个“国家重点高水平体育后备人才基地”。2021年，东城区分别荣获第十五届市运会、首届市冬运会总分第一名，输送的运动员在东京奥运会上获得奖牌数占全市近七成。

∧北京市第十六届运动会开幕式

十年来，东城聚焦“七有”“五性”，加快建设国际一流的首善示范区。自2009年荣获“全国文明城区”荣誉称号以来，东城区蝉联全国文明城区。2018年，东城区实现45个部门1500余项政务服务“一窗办理”。2021年，东城5个社区入选全国首批“一刻钟便民生活圈”试点名单。2022年，东城168个社区实现“五类业态500米范围”社区全覆盖。

第十章

我心自觉

探访官：李杨薇（东城区政协委员、北京广播电视台主持人）

探访感言：作为东城区政协委员，我寻访十年来东城区老党员的动人故事，探访东城区从接诉即办到未诉先办的升级服务，记录东城区孵化出一批基层治理“带头人”，带动队伍战斗力不断提升，与此同时，营造了“人人争先恐后、团队善战善赢”的进步氛围，这些“带头人”团结带领全区人民踔厉奋发、笃行不怠，展现了在新时代新征程中的责任和担当。

作为首都功能核心区，十年来，东城区为了建成政务环境优良、文化魅力彰显和人居环境一流的典范区域，凝聚起全区的近10万名党员和3256个基层党组织，一心向党、踔厉奋发，努力为群众办实事，为推动东城新发展而不懈奋斗。

∧ 辉煌100年——东城区庆祝中国共产党成立100周年文艺演出

薪火相传　不忘初心

东城区是一片红色的热土，得天独厚的红色文化资源优势，构筑了东城区丰厚的红色底蕴。

坐落在五四大街29号的北大红楼，是中国近代史上李大

∧ 位于北京市东城区五四大街29号的北大红楼

钊、陈独秀、毛泽东最早传播马克思主义和民主科学进步思想的重要场所，是中国共产党的孕育之地。新文化运动在这里汹涌澎湃，五四爱国运动在这里点燃烽火，马克思主义在这里迅猛传播，伟大的中国共产党在这里孕育生根。

被毛泽东赞誉为共产党人好榜样的大将彭雪枫，1926年在汇文中学入党，并成立了学校第一届党支部。

新中国成立后，许多感人事迹发生在东城这片传承着红色基因的热土上。龙潭湖畔矗立着高云涛、田继跃的塑像，他们

^ 2021年6月29日，北大红楼“光辉伟业红色序章”主题展览正式对外开放

为救落水儿童献出了宝贵的生命。同样矗立在东城的还有掏粪工人时传祥的铜像，他“宁愿一人脏，换来万家净”的精神，在东城环卫系统中不断传承。而在寸土寸金的北京市百货大楼门前，还矗立着一位售货员的铜像，这就是被誉为“燕京第

∧ 彭雪枫将军塑像

∧ 时传祥铜像

九景”的张秉贵的铜像。他用心中的一团火温暖顾客的心，演绎了平凡岗位上的坚守与奉献。一个又一个英雄人物的动人事迹，无不显示着在东城这片土地上，共产党员用自己的行动赓续着红色血脉，传承着为人民服务的宗旨和使命。

在新征程上，作为全国文化中心核心承载区、首都功能核心区，东城区将以“五个东城”建设为抓手，使红色基因融入到区域建设的方方面面，进一步推动经济社会各项事业高质量蓬勃发展。

∧ 春到玉河

封控区内　“90后”党员冲上去

2019年底，新冠肺炎疫情突然暴发，东城区也打响了疫情防控的人民战争。在全市疫情防控的关键时刻，东城区党员干部闻令而动、听令而行，以高度的责任担当彰显首都功能核心区党员干部的先锋模范作用，奋战在疫情防控一线，用坚守擦亮胸前的党徽，用行动谱写动人的旋律，用执着让党旗高高飘扬。难能可贵的是，这其中有不少年轻党员的身影。

作为联系人民群众最密切的一环，全区党员干部、社区工作者第一时间深入一线，不分昼夜，连续奋战在疫情形势最严峻的地方、防控任务最艰巨的地方、人民群众最需要的地方。

东城区建国门街道封控期间，工作任务特别重。当时街道的居民大概有1000多人，而且有很多住在平房区，很多都是老年人，他们购药就医的需求非常多。在街道党组织的号召和带领下，全体党员特别是年轻党员积极发挥先锋模范作用，紧急成立520青年突击队临时党支部，发挥青年的志愿服务精神，毅然决然冲锋在前。有的进入封控区工作，不休不眠；有的每天早上6点多起床，立即穿上防护服给居民做核酸，每天衣服出来都湿透了，身体也有些缺水……尽管防疫工作很辛苦且担着风险，但党员们都毫不退缩，他们说这既是工作，也是责任和担当。

新冠肺炎疫情暴发初期，也是最困难最危险的时候，东城区有近2万名党员奔赴一线，上到80岁的退休党员，下到还在上大学的学生党员，他们都成为了最美的“逆行者”，成为了

∧ 建国门街道党员在封控区服务居民

＜ 有事儿找党员

一道道照亮人心的微光，汇聚成温暖万家的光芒。

“我宣誓，我志愿加入中国共产党……”东城党员干部用实际行动践行着为人民服务的铿锵誓言，奋力书写了疫情防控“大考”中的责任与担当，用实际行动让党旗在抗疫一线高高飘扬。

无障碍门户网络　为民服务与时俱进

十年来，中国互联网的发展活力迸发、创新无限，而东城区又紧紧抓住了新技术赋予的新机遇，竭力为市民提供无障碍的快捷政务服务。

东城区政府网站1999年上线，2012年以后进行了两次优化改版。第一次改版是在2014年，将各行政机关的机构职能、工作要闻、政策文件等栏目进行了汇聚。第二次改版在2020年，建立了东城要闻、媒体关注、政府信息公开专栏、重点领域信息等综合性栏目。网站的开通不仅仅是搭上了互联网的快车，更重要的是让驻地企业和居民能够更加方便快捷地查询到各种相关政策，真正做到了用互联网思维方式为人民服务。

用最先进的互联网思维方式为人民服务，也是十年来东城区的一个发展方向。过去的做法往往都是通过百度查行政事项的办理地址、咨询电话等，但是现在在东城区政府网站上，可以一键式查询到这些信息。东城285个行政事项，都可以在网络平台或者微信公众号查询到办理方法，并在线预约办理，还可以查询到行政服务大厅各个窗口的排队等候情况。

在此基础上，2011年9月7日，“数字东城”无障碍门户网站在北京市率先启动运行，这是东城区政府在网上向特殊群体提供公共服务的重要门户。“数字东城”作为政府机关履行职能、面向社会提供服务的官方网站，多年来一直致力于实现政

∧东城区政务服务中心大楼外景

务信息公开、服务市民、企业和公众互动交流，其内容充分显示了权威性、指导性和服务性。“数字东城”网站已成为首都之窗政府网站群中最具影响力的网站之一，并赢得了社会各界的一致肯定和高度好评。

小网格大民生　接诉即办解民忧

东城区积极践行以人民为中心的发展思想，实施头雁计划，充分发挥党建引领这一独特政治优势，明确街道工委、社区党委、网格党支部、楼宇党小组、党员5级联动的基层党组织责任链条，凝聚了社会治理的强大合力。东城建立了智慧社区，以高新技术为支撑，实现社区管理的智能化、公共服务的网络化，为居民提供了更加安全、便捷、舒适、愉悦的生活环境。

多年前，一场全新的万米单元网格城市管理科技革命在东城区开始了，41.84平方公里，拥有17个街道168个社区的东城区，被划分为593个基础网格，2322个单元网格。东城区开始了网格化的科学管理，这些单元网格是东城区网格化科学管理的根基。

网格化管理是一个庞大且缜密的城市管理平台，平台接收到监督员上报的信息后，第一时间分发给相对应的职能部门迅

∧ 东城区居民在社区党群服务中心活动

速解决。2004年，东城区在全国率先应用网格化城市管理系统，从管理方法、管理体制和管理机制等方面对城市管理模式进行了重大变革与创新。2010年开始，全国推广“东城模式”，建立数字化城市管理模式。2014年开始，东城区又探索打造社会服务、城市管理、社会治安三位一体的城市综合服务管理平台。东城区网格化服务管理中心（后改称东城区城市管理指挥中心），拥有一个网格化管理的信息处理系统，12345派过来的工单，市民拨打12345热线受理的诉求属于东城区的，很快就会分转到东城区有关部门解决。

全区17个街道还成立接诉即办领导小组，街道网格中心作为办公室，建立市民热线，7天24小时不间断值守工作机制，配备专人接诉即办，确保响应率百分之百。从“接诉即办”解难题，到“未诉先办”解民忧，东城区跑出了为民解忧的“加速度”。12345接诉即办服务，虽然看起来流程很简单，但是却需要工作人员格外有耐心和细心。因为只有这样，才能够准确及时地把居民诉求反映给相关部门，才能够更加高效及时地解决群众所急所需所盼。2022年1月至9月，东城区共受理12345热线诉求17万余件，平均响应率99.34%，平均

∧ 东城区网格化服务管理中心

解决率94.84%，平均满意率95.28%，平均综合成绩95.74分。

东城区的发展离不开东城的每一位百姓，而东城的党员更是发展过程中最坚实的力量，他们发挥模范带头作用，全心全意为百姓服务。同时东城区也在努力做好“竞”字文章，孵化出了一批基层治理带头人，推动队伍的战斗力不断提升。

十年，紫禁之东，万物勃发。十年，时盛岁新，矢志前行。站在新的历史起点，东城大地积蓄起实现新跨越的轩昂

∧ 东城区城市管理指挥中心为民服务中心工作人员在忙碌

气势，东城也将书写新时代首都功能核心区高质量发展的非凡答卷。

实现微心愿　我为群众办实事

对于一个城区来说，一位居民遇到的困难可能就是几十万分之一，但是对于这位居民来说，他的困难就是百分之百。了

∧ 百姓微心愿征集

解居民生活中的困难有很多种途径，自上而下的主动观察，是东城区在多年前就迈出的重要一步。

东城区体育馆路街道西唐社区属于拆迁滞留区，原来环境又脏又乱。夜晚，胡同里漆黑一片；下雨过后，胡同积水严重，居民意见很大。

社区第一时间了解情况后，通过组织召开党员会议征求意见，最终社区党委研究决定，申请社区党组织服务群众经费。用社区党组织服务群众经费，铺好了胡同的地面，安装上了雨水箅子，院里的太阳能灯也给安好了，路面、院落立刻显得干

∧ 为社区居民提供健康咨询

净整洁了，大大提升了居民生活的幸福指数。

从2015年起，根据市、区1：1配比，东城区每年拨付社区党组织服务群众经费，支持基层用于便民服务类、志愿公益类、群众活动类、硬件设施提升类、社区环境改善类共五大类建设内容，旨在提升社区党组织服务群众能力，解决居民群众关心关切的重点难点问题。通过社区党务、居务、财务的公开，相关负责部门把项目的运行情况向驻地的党员、群众进行反馈。社区党组织服务群众经费的设立也是“我为群众办实事”实践活动中的重要一环。为大家做了实事、好事以后，居民对党组织和社区就更加信任了。一系列基层治理和发展建设创新举措，贡献了东城智慧、东城经验、东城方案，也实实在在提升了群众的幸福感、获得感。

东城区扎实推动习近平新时代中国特色社会主义思想在东城形成生动实践，服务保障首都功能更加有力、经济运行步伐更加稳健、城市更新效果更加凸显、城市管理更加高效、“文化东城”品牌更加响亮、人民生活更加幸福美好。

未来，东城区将继续以习近平新时代中国特色社会主义思想为指导，全面贯彻落实党的二十大精神，坚持稳中求进工作总基调，坚持以首都发展为统领，立足建设好国家中枢、千年古都、文化名城、人间画卷和宜居福地，全面加速“崇文争先”，做实“六字文章”，不断推动国际一流和谐宜居的新时代首都功能核心区建设迈上新台阶。

∧俯看东二环